MARCO POLO

USA OST

Reisen mit **Insider Tipps**

Im Osten begegnet einem Amerika in allen Facetten, vom europäisch wirkenden und doch uramerikanischen Neuengland bis hin zum bedingungslos kapitalistisch[en] Florida.

MARCO POLO Autor
Ole Helmhausen
(siehe S. 139)

W0389553

Spezielle News, Lesermeinungen und Angebote zu USA Ost:
www.marcopolo.de/usa-ost

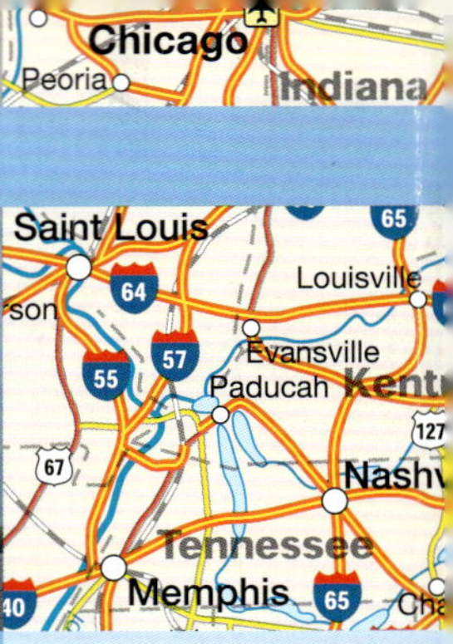

USA OST

> SYMBOLE

Insider Tipp **MARCO POLO INSIDER-TIPPS**
Von unserem Autor für Sie entdeckt

★ **MARCO POLO HIGHLIGHTS**
Alles, was Sie im Osten der USA kennen sollten

SCHÖNE AUSSICHT

▶▶ **HIER TRIFFT SICH DIE SZENE**

> PREISKATEGORIEN

HOTELS
€€€ über 140 Euro
€€ 80–140 Euro
€ unter 80 Euro
Die Preise gelten für ein Standarddoppelzimmer im Sommer, doch es gibt starke saisonale Schwankungen

RESTAURANTS
€€€ über 40 Euro
€€ 20–40 Euro
€ unter 20 Euro
Die Preise gelten für ein Abendessen mit Vor-, Hauptspeise und Dessert ohne Getränke

> KARTEN

[120 A1] Seitenzahlen und Koordinaten für den Reiseatlas USA Ost

Karten zu Boston, New York und Washington finden Sie im hinteren Umschlag

Zu Ihrer Orientierung sind auch die Orte mit Koordinaten versehen, die nicht im Reiseatlas eingetragen sind

INHALT

> SZENE

S. 12–15: Trends, Entdeckungen, Hotspots! Was wann wo in USA Ost los ist, verrät der MARCO POLO Szeneautor vor Ort

> 24 STUNDEN

S. 101/102: Action pur und einmalige Erlebnisse in 24 Stunden! MARCO POLO hat für Sie einen außergewöhnlichen Tag in Philadelphia zusammengestellt

> LOW BUDGET

Viel erleben für wenig Geld! Wo Sie zu kleinen Preisen etwas Besonderes genießen und tolle Schnäppchen machen können:

Jazz, Blues und Rock in Boston gratis S. 36 | Sonntags sind Washingtoner Hotels am günstigsten S. 50 | Gästehaus in Charleston S. 66 | Fischfütterung auf den Florida Keys S. 74 | Mit dem Rad durch New Orleans S 86 | Chicago City Pass S. 95

> GUT ZU WISSEN

Spezialitäten S. 26 | Flammende Wälder S. 40 | 11.9.2001 – in memoriam S. 49 | African Connection S. 60 | Bücher & Filme S. 62 | Blogs & Podcasts S 68

AUF DEM TITEL
Outer Banks: faszinierende Inselkette S. 64
Das Art Institute of Chicago S. 89

ENTDECKEN SIE USA OST!

Unsere Top 15 führen Sie an die traumhaftesten Orte und zu den spannendsten Sehenswürdigkeiten

Die Highlights sind in der Karte auf dem hinteren Umschlag eingetragen

1 Freedom Trail
Roter Faden durch Boston: Der auf die Bürgersteige gemalte rote Strich führt zu Stätten, an denen Schlüsselereignisse der amerikanischen Geschichte stattfanden (Seite 36)

2 Provincetown
Der verwinkelte alte Walfängerhafen an der Nordspitze von Cape Cod ist als liberalste Gemeinde nördlich von Key West Treffpunkt von Künstlern und Schwulen aus ganz Amerika (Seite 39)

3 New York City
Dynamisch und zukunftsgläubig wie nie. Jetzt erst recht, scheint das Nervenzentrum der Ostküste trotz Tourismuskrise und Börsenchrashs zu sagen (Seite 47)

4 Pennsylvania Dutch Country
Pferdedroschken, bärtige Männer und Häubchen tragende Frauen (Seite 52)

5 Georgia Aquarium
Das neue Aquarium mit dem an einen U-Boot-Bug erinnernden Eingangsportal ist das größte der Welt (Seite 58)

6 Charleston
Die herrliche Altstadt der „Southern Belle“ birgt auf engem Raum so viel Geschichte wie selten eine Stadt in den USA (Seite 60)

7 Outer Banks
Reif für die Insel? Auf dieser Inselkette finden Sie Entspannung total (Seite 64)

> DIE BESTEN MARCO POLO HIGHLIGHTS

8 Savannah
Die klassische Südstaatenstadt: mit Spanisch-Moos bekränzt, schwül und sinnlich-dekadent (Seite 67)

9 Key West
Leben und leben lassen: An Floridas tiefstem Punkt herrscht eine karibisch-ausgelassene Atmosphäre (Seite 71)

10 Art Déco Historic District
Wie gemalt: Spätnachmittags ist der Besuch dieses Viertels von Miami wie ein Spaziergang durch ein Gemälde (Seite 73)

11 Walt Disney World
Megathemenpark in Orlando: Entertainment bis zum Abwinken (Seite 77)

12 Cajun Country
Daheim bei Amerikas French Connection: In den kleinen Dörfern des Mississippi-Deltas wird noch altertümliches Französisch gesprochen (Seite 81)

13 French Quarter
New Orleans ist die unamerikanischste Stadt der USA – das French Quarter ist ihr Epizentrum (Seite 84)

14 Art Institute of Chicago
Superlative sind hier okay: eines der bedeutendsten Kunstmuseen der Welt (Seite 89)

15 Niagara Falls
12 Mio. Touristen besuchen jährlich die 56 m tief stürzenden Wassermassen (Seite 95)

Providence Canyon in Georgia

AUFTAKT

Nationalparks und historische Schlachtfelder, glitzernde Metropolen und winzige Weiler, mehrsprachige Weltbürger und gastfreundliche *Hillbillies* (Hinterwäldler): Im Osten der USA liegen zwischen Maine und Miami nicht nur ungeahnte Freizeitmöglichkeiten, sondern auch zahllose Welten mit jeweils unverwechselbarem regionalem Flair. 21 Bundesstaaten gilt es zu entdecken, dazu die meisten lokalen Dialekte des Landes und eine sich quasi stündlich verändernde Natur. Hinter jeder Kurve werden Sie neue Facetten dieses vielseitigsten Landes der Welt erleben. Der Osten wartet. Gute Reise!

> USA: eine Buchstabenkombination, die Assoziationen weckt – seien sie tagespolitischer, historischer oder landschaftlicher Natur. Für viele Millionen von Auswanderern waren die USA das „Land der unbegrenzten Möglichkeiten". Optimismus und Zukunftszugewandtheit, Technologiegläubigkeit, grenzenlose Freiheit und reichlich Platz für Träumer und Spinner – das und noch viel mehr ist Amerika.

Die USA lassen sich nicht so leicht in den Griff kriegen. Sie sind modern und rückständig, progressiv und reaktionär, liberal und erzkonservativ. Sie sind alles Mögliche für alle möglichen Leute. Nur eines sind sie mit Sicherheit nicht: langweilig! Jedes Klischee hat hier auch einen Gegenpart. Eine miserable Allgemeinbildung – die meisten Nobelpreisträger. Die schlechteste Luft – die schärfsten Umweltgesetze. Hatz auf Homosexuelle – Anerkennung der Schwulenehe. Die Liste ließe sich beliebig fortsetzen. Vor allem im Osten. Denn Amerika ist nicht – natürlich nicht – automatisch gleich Amerika.

Der amerikanische Traum wurde im Westen verwirklicht – aber erst, nachdem ihn der Osten geträumt hatte. Was Amerika heute ist, wurde hier zum ersten Mal angedacht, ausprobiert und durchexerziert, im Guten wie im Schlechten. Es begann in der Nordostecke des Landes, auf einem Areal nur halb so groß wie Deutschland.

In Neuengland stand die Wiege der Nation. Die Puritaner, protestantische Fundamentalisten aus England, prägten mit ihrer Ideologie der Auserwähltheit und göttlichen Vorsehung das amerikanische Wertesystem. Ihre Universitäten, bis heute die besten des Landes, wurden zu Brutkästen einer kritisch denkenden, nach Unabhängigkeit rufenden Generation. Sie machten Neuengland zum liberalen

> *Amerika – ein kulturelles Mosaik*

Vorzimmer Amerikas: In Vermont regieren sozialistische Bürgermeister, in Massachusetts werden Windenergiefarmen erbaut und Maine verurteilte als erster amerikanischer Staat das Vorgehen Washingtons im Irak.

Auch der Süden träumte – erst von der Unabhängigkeit, dann vom friedlichen Miteinander von Weiß und Schwarz. Ein erbittert geführter Bür-

gerkrieg (1861–65) riss das Land fast auseinander, danach spaltete die Rassenfrage die amerikanische Gesellschaft. Seit der Bürgerrechtsbewegung der 1960er-Jahre sind die Schatten der Vergangenheit kürzer geworden. Ganz verschwunden sind sie nicht, doch Amerika – rettungslos optimistisch – arbeitet daran. So werden in Georgia schwarze Politiker und Polizeichefs an die Macht gehievt, finanzieren in Florida schwarze Millionäre Luxushotels. Noch vor 30 Jahren wäre dies undenkbar gewesen. Der unerschütterliche Glaube daran, dass alles nur besser werden kann, wird hier tagtäglich aufs Neue umgesetzt. Und hapert es am Glauben, ist Gott das Allheilmittel. Oder Elvis. Nirgends sonst ist Amerika so fromm wie im *Bible Belt* zwischen North Carolina und Louisiana, nirgends sonst so musikalisch wie am Mississippi zwischen New Orleans und den Großen Seen. Dass Amerika schlussendlich mit dem aus Hawaii stammenden Barack Obama den ersten afro-amerikanischen Präsidenten kürte, war damit nur eine Frage der Zeit.

Wer den gesamten Osten bereist, wird seine ganze Vielfalt und Widersprüchlichkeit auf 2,2 Mio. km² erleben – denn hier sind beispielsweise die meisten amerikanischen Dialekte zu Hause. Neuengland wird Sie in vielem an Europa erinnern: Die Entfernungen sind kurz, die Städte alt

> ***Hier sind die meisten amerikanischen Dialekte zu Hause***

und die Menschen belesen. Boston, noch immer die Grand Old Lady der

Durch die quirlige Metropole New York fahren Sie sicher mit einem Taxi, *yellow cap*, genannt

WAS WAR WANN?

Geschichtstabelle

12 000–1500 v. Chr. Von Asien über die Beringstraße kommende Jäger und Sammler bevölkern den Kontinent

1607/20 Die erste permanente englische Siedlung Nordamerikas ist Jamestown; mit der *Mayflower* gekommene Puritaner gründen Plymouth (MA)

17./18. Jh. Besiedlung der Küste bis nach Georgia und den Appalachen

4. Juli 1776 Die 13 Kolonien erklären ihre Unabhängigkeit von England

1789 George Washington wird erster US-Präsident

1803–48 Durch Kauf und Krieg Vergrößerung des Staatsgebiets

1817–42 Die Sklaverei vertieft die Kluft zwischen dem industriellen Norden und dem agrarischen Süden

1860/61 Der Sklavereigegner Abraham Lincoln wird Präsident. Gründung der Konföderierten Staaten von Amerika

1861–65 Der Bürgerkrieg endet mit der Niederlage der Südstaaten

1941 Amerika tritt in den Zweiten Weltkrieg ein

1961 J. F. Kennedys beschleunigt die Rassenintegration im Süden

1968 Ermordung des Bürgerrechtlers Martin Luther King Jr.

1996 Sommerolympiade in Atlanta

11. Sept. 2001 Anschläge auf das World Trade Center in New York und das Pentagon in Washington

Aug. 2005 Hurrikan Katrina zerstört New Orleans

Jan. 2009 Barack Obama wird erster schwarzer Präsident Amerikas

Ostküste, Provincetown, die liberalste Stadt nördlich von Key West, und die unwegsamen, bis zu 2000 m hohen White Mountains mit den schönsten Etappen des von Georgia heraufziehenden Appalachian Trail setzen hier die Highlights.

New York, New York, von jeher anziehend und abstoßend zugleich, ist Amerika unter dem Vergrößerungsglas. Das brodelnde Völkergemisch in den Straßenschluchten stimuliert, das Tempo der Stadt macht schwindelig. Nebenan in Pennsylvania bestellen gottesfürchtige Amische ihre Äcker mit von Pferden gezogenem Pflug: unglaublich, aber wahr, amerikanische Echtzeit eben.

Das Herz der Nation wiederum wirkt fast schläfrig: Washington repräsentiert – etwas angestrengt wie einstmals Bonn – mit weiten Avenuen, Parks und viel Marmor. Kein Wolkenkratzer stört die in Neoklassizismus erstarrte Ernsthaftigkeit, und von den Machtkämpfen hinter den Kulissen erfährt man nur aus der „New York Times". Richtig geliebt werden andere Städte. Wie Charleston und Savannah, die legendären *Southern Belles* in Georgia und South Carolina, Südstaatenschönheiten, deren Häuser Veranden mit schmiedeeisernen Balkongittern besitzen und deren Straßen von alten Eichen gesäumt werden, schwer mit Spanisch-Moos behangen. Oder Key West, Amerikas südlichster Punkt und letzte Station vor Havanna, wo New York nur noch undeutliche Erinnerung ist. Und New Orleans erst, Amerikas unamerikanischste Stadt, die berüchtigt ist für ihre losen Sitten und wilden Partys.

In New Orleans mündet der Mississippi in den Golf von Mexiko. Der „Old Man River" ist für die Amerikaner, was Vater Rhein für die Deutschen ist: ein das Nationalgefühl prägendes Symbol. An seinen Ufern liegen vergessene Weiler, aber auch Memphis und St. Louis, die die uramerikanischen Musikstile Blues, Jazz und Rock 'n' Roll entscheidend prägten. Am Ende führt der Mississippi geradewegs ins Herz der USA, in „America's Heartland" am Südrand der Großen Seen. Hier warten weitere Highlights auf einen Besuch, allen voran Chicago, das Kunstmekka, und die Niagara Falls, die meistfotografierten Wasserfälle der Welt.

Alles im Blick: Mississippi-Alligatoren bevorzugen die langsam fließenden Flüsse der Südstaaten

> *Subarktische Vegetation und Tropenflora*

Die Natur jedoch hat noch mehr zu bieten: subarktische Vegetation in den White Mountains, Tropenflora in Florida. Krokodile und Alligatoren in den Everglades, Wale vor Neuengland. Dazwischen: endlose Strände und das Wanderermekka der Appalachen, dessen schönste Abschnitte Nationalparks schützen. Wer gerne Auto fährt, mag sich den Luxus gönnen, einmal drei Klimazonen an einem Tag zu durchfahren. Das Beste, die Menschen, würde er dabei allerdings verpassen. Und das wäre schade.

TREND GUIDE USA OST

Die heißesten Entdeckungen und Hotspots! Unser Szene-Scout zeigt Ihnen, was angesagt ist

Nicole Rossi
lebt in Philadelphia und kennt den östlichen Teil des Landes wie ihre Westentasche. Für ihre Arbeit als Architektin und Interior Designerin ist sie viel unterwegs. Privat trifft man sie in angesagten Bars, Livemusikclubs und schicken Spas. Was unseren Szene-Scout am Osten der USA besonders fasziniert? Dass man nie weit von einer der lebhaften Metropolen oder der herrlichen Natur entfernt ist.

LOKALE TALENTE

Designerkollektive

Produkt- und Wohndesigner tun sich zusammen und stellen in Designerkollektiven ihre Stücke nicht nur aus, sondern verkaufen sie auch. Die Studenten des *Savannah College of Art and Design* haben ihre eigene Plattform: Bei *Shopscad* bringen sie ihre Designs, Kollektionen und Kunstwerke an den Mann *(340 Bull St., Savannah, GA, www.shopscadonline.com,* Foto*)*. Außergewöhnliches von über 200 Kreativen, darunter Briefpapier, Manschettenknöpfe und Loungewear gibt's bei *Renegade Handmade (1924 W Division St., Chicago, IL, www.renegadehandmade.com)*. Bei *Oak* geht liebevoll Handgemachtes aller Art über den Ladentisch: von Kochschürzen über Lampen bis hin zu iPod-Taschen *(31 Gloucester St., Boston, MA, www.oakboston.com)*.

SZENE

BELLO HOTEL

Hier sind Hunde willkommen

Immer mehr Hotels und Restaurants erlauben nun Hunde – für die USA ein absolutes Novum. Mit speziellem Service sorgen Hotels für das Wohl von Vierbeinern und ihren Herrchen. Das *Onyx Hotel* trumpft mit Dog Walking und Dog Sitting *(155 Portland St., Boston, MA, www.onyxhotel.com,* Foto*)*. Der Concierge des *W Chicago City Center* kennt die besten Hundeparks, Tierärzte und Fachgeschäfte *(172 West Adams St., Chicago, IL, www.starwoodhotels.com)*. Im brandneuen *Hotel Palomar Atlanta Midtown* sorgt das *Very Important Pet*-Programm für Körbchen, Leine, Pflege und Gassi gehen *(866 West Peachtree St. Atlanta, GA, www.hotelpalomar-atlantamidtown.com)*. Innovativ: Bei der *Dog Happy Hour* im *Jackson 20* schlürfen Herrchen und Frauchen leckere Cocktails, für Hunde gibt's natürlich Wasser und Hundekekse bis zum Abwinken *(480 King St., Alexandria, VA, www.jackson20.com)*.

INDIE-MUSIK

Bye-bye Elektro, Hallo Rock

Nach dem Elektro-Hype erobert Rockmusik die Ostküste zurück. So setzen die fünf von *We know, Plato!* aus Richmond, VA, auf alternativen Indie-Rock *(www.weknowplato.com,* Foto*)*. Donnernde Rhythmen, wirbelnde Gitarren und starke Liveshows sind die Markenzeichen der Indie-Rocker *Scrimshaw* aus Cleveland, OH *(www.myspace.com/scrimshawnow)*. Im *The Earl* in Atlanta, GA, stehen rockige Live-Gigs an der Tagesordnung *(488 Flat Shoals Av. SE, www.badearl.com)*. Auf der Bühne von *Exit/In* zeigen fast täglich neue Talente ihr Können *(2208 Elliston Pace., Nashville, TN, www.exitin.com)*.

URBAN ART

Legal und kunstvoll

Urbane Kunst ist die angesagte Mischung aus Graffiti, Hip-Hop-Kultur, Skaten und Mode. Das *City Xpressionz Urban Art Festival* in Cleveland verwandelt die Stadt jedes Jahr in eine Open-Air-Galerie *(www.clevelandpublicart.org)*. Legale Graffiti-Aktionen wie der alljährliche *Graffiti Jam* in Trenton, NJ, rehabilitieren den Ruf der Street-Art. Dabei verzieren Künstler aus dem ganzen Land die Wände der Fabrik *Terracycle (121 New York Av., www.leonrainbow.com)*. Stark im Kommen sind *Munnys*: Die kleinen Kunststofffiguren dienen als Rohlinge, die Künstler individuell gestalten und auf Events wie der *Detroit Munny Show* präsentieren und verkaufen *(www.thebananalab.com)*.

LOCKER & LECKER

Erschwingliche Gourmetküche

Top-Köche eröffnen zwanglose Restaurants mit Wohlfühlfaktor. Das Credo: lockere Atmosphäre und exzellente Küche. Das moderne, in Erdtönen gehaltene Ambiente des Restaurants *Central* von Chefkoch Michel Richardin ist berühmt für Shrimp-Burger und Pfeffersteak *(1001 Pennsylvania Av. NW, Washington D.C., www.centralmichelrichard.com,* Foto*)*. Pizza und Pasta sind der Fokus der *Osteria* von Maître Marc Vetri *(640 N Broad St., Philadelphia, PA, www.osteriaphilly.com)*. Im *Wolfgang Puck Carolina Bistro* vertraut der Starkoch auf Truthahn vom Grill oder Gourmet-Pizza mit Pesto *(5349 Ballantyne Commons Pkwy., Charlotte, NC, www.wolfgangpuck.com)*.

NATURKOSMETIK

Der Öko-Boom macht auch vor Schönheit keinen Halt

Spas setzen vermehrt auf Nachhaltigkeit und biologische Treatments. Das *ReNew Organic Day Spa* ist rundum umweltfreundlich: von den Anwendungen mit Bioprodukten bis hin zur Einrichtung aus natürlichen Materialien *(843 W. 36th St., Baltimore, MD, www.reneworganicdayspa.com)*. Das *Strong House Spa* vertraut neben Ökokosmetik auf Recycling und Bioputzmittel *(694 Main St., Quechee, VT, www.stronghousespa.com)*. Cleanes Design und helle Farben machen das *Nusta Spa* zum grünen Lifestyletempel *(1129 20th St. NW, Washington D.C., www.nustaspa.com)*.

ORIENTEERING

Sportliche Schnitzeljagd

Die Berge der Region sind perfekt für Orienteering: Ausgerüstet mit Kompass und Karte versuchen Outdoorfans, sich in unbekanntem Gelände zurecht zu finden. Querfeldein geht es zu Fuß, per Mountainbike, auf Skiern oder sogar im Kanu von einem auf der Karte markierten Punkt zum nächsten – in möglichst kurzer Zeit. Da kommt Schnitzeljagd-Feeling auf *(Infos: www.us.orienteering.org)!* Der *Quantico Orienteering Club* organisiert Wettbewerbe und Trainings in Virginia, Maryland und D.C. z. B. im Pocahontas State Park *(10301 State Park Rd., Chesterfield, VA, http://qoc.nova.org). True North & Associates* veranstaltet Kurse und Wettbewerbe rund um Indianapolis *(www.truenorth360.com)*. Auch beim *Delaware Valley Orienteering Club* ist geografisches Geschick gefragt *(www.dvoa.org)*.

DESIGN 4 U

Individualität ist Trumpf

Das Motto lautet „Bloß nicht von der Stange." Kleidungsstücke selbst zu entwerfen erlebt ein Revival und entwickelt sich zur neuen Lieblingsbeschäftigung – auch dank Casting Shows wie *Project Runway* von und mit Heidi Klum, bei denen Modedesigner gegeneinander antreten. „Crafting" heißt das neue Hobby, das sogar Männer begeistert. Keine eigene Nähmaschine zur Hand? Kein Problem, denn Shops wie *Vogue Fabrics* bieten Arbeitsplätze, um eigene Ideen umzusetzen. Top: die tolle Auswahl an außergewöhnlichen Stoffen, Applikationen & Co. *(718-732 Main St., Evanston, IL, www.myvoguefabrics.com)*. Bei *The Needle Shop* können Ungeübte auch unter Anleitung eigene Entwürfe verwirklichen *(2054 W Charleston St., Chicago, IL, www.theneedleshop.net,* Foto*)*. Junge Talente inspiriert die riesige Stoffauswahl im *Cut & Sew (124 S Highland Av., Pittsburgh, PA, www.cutandsewstudio.com)*. Sie nutzen die Plattform der Nähstudios, um neue Ideen auszutauschen – denn auch Karl Lagerfeld hat mal klein angefangen.

> ALTES AMERIKA UND NEUER SÜDEN

Einige Schlagworte, die Ihnen auf Ihrer Reise im Osten der USA immer wieder begegnen

ANTEBELLUM

Die Südstaatler reden vom *Antebellum,* wenn sie die Blütezeit der Region vor dem Bürgerkrieg (1861–65) meinen. Im Gegensatz zum industriellen Norden blieben die Südstaaten agrarisch geprägt. Riesige, von Sklaven bewirtschaftete Baumwollplantagen schufen hier die Basis für eine aristokratische Pflanzergesellschaft, die der Nachwelt die „Vom Winde verweht"-Romantik und die grandiosen Villen, die *mansions,* hinterließ. Im Alltag des Südens haben sich die alten Umgangsformen vielfach erhalten. So helfen hier selbstverständlich die Gentlemen den Ladys in den Mantel oder halten ihnen die Tür auf.

BIBLE BELT

Deutsche Priester würden neidisch: Sonntagmorgens um elf haben ihre

Bild: an der Börse von New York

STICH WORTE

Kollegen im amerikanischen Süden Parkplatzprobleme. Im *Bible Belt* ist das normal, denn der in südwestlicher Richtung quer durch Amerika ziehende, äußerst religiöse Landstreifen ist *God's Country*. Radioprediger verdammen Abtreibung und vorehelichen Sex und werden wie Rockstars verehrt. In vielen Schulen steht die Genesis neben der Evolutionstheorie auf dem Lehrplan, lernen die Schüler mit *Intelligent Design* eine neue Philosophie, die davon ausgeht, dass die Evolution so kompliziert ist, dass menschliches Leben ohne göttlichen Funken nie hätte entstehen können.

44 Prozent der Amerikaner legen die Bibel wörtlich aus und bezeichnen sich als *Born-again-Christians* (Wiedergeborene Christen). Allerdings garantiert auch dies keineswegs immerwährende Glückseligkeit. Der *Bible Belt* weist die zweithöchste Scheidungsrate in den USA auf.

CIVIL RIGHTS MOVEMENT

Die Gleichstellung der Rassen: Verfassungsmäßig ist sie garantiert, in der Praxis wird sie jedoch immer wieder vertagt. Präsident Abraham Lincoln erklärte 1863 die Sklaven der Südstaaten für frei, doch erst das Jahr 1954 mit dem Ende der Segregation an allen öffentlichen Schulen und dem darauf folgenden Boykott aller rassistischen Busgesellschaften markierte die Wende. Die von Martin Luther King Jr. angeführte Bürgerrechtsbewegung erkämpfte unter großen Opfern die rechtliche Gleichstellung der Schwarzen, doch der unbefangene Umgang miteinander ist, wie 1994 der Fall O. J. Simpson zeigte, noch immer das erklärte und bislang unerreichte Ziel. Ob die historische Wahl von Barack Obama zum US-Präsidenten auch diesbezüglich einen Wandel einleitet, bleibt abzuwarten.

HISTORIC SITE

Die Amerikaner – ein Volk von Geschichtsbanausen? Amerikaner haben durchaus Sinn für Geschichte. Allerdings kommt diese oft mit einem kräftigen Schuss Patriotismus daher, der vor allem das Nationalgefühl und Werte wie Familie und Gemeinschaft stärken soll. In einem jungen Land wie den USA macht das Sinn. Weder gab es hier ein über die Jahrhunderte erworbenes Gemeinschaftsgefühl noch eine historisch gewachsene Kultur. Um eine Nation zu werden, musste dem Nationalstolz nachgeholfen werden. Das Resultat begegnet Ihnen auf Schritt und Tritt. Überall, wo ein Cowboy sein Pferd erschossen oder ein Prominenter (dessen Vettern, Cousinen oder Schulkameraden tun es zur Not auch)

Ivy League: So nennen Insider die berühmten acht Eliteuniversitäten im Nordosten der USA

gelebt oder gewirkt hat, wird abgesperrt, geflaggt und Eintritt verlangt. Bezeichnet werden diese Orte als *Historic Sites*. Handelt es sich um Orte von nationaler Bedeutung, heißen sie *National Historic Sites*.

INDIANER

Das Schicksal der Ureinwohner Nordamerikas ist wohl bekannt: Gastfreundlich halfen sie den Weißen über die ersten Winter, um anschließend von diesen verdrängt, vernichtet oder in Reservate abgeschoben zu werden. Der Grund, warum man im Osten der USA kaum Indianer – hier heißen sie politisch korrekt *Native Americans* – trifft, ist einfach: Weil sie hier zuerst dem Landhunger der Weißen zum Opfer fielen.

Die Indianer Neuenglands spielten schon um 1680 keine Rolle mehr. Im Süden und im Gebiet der Großen Seen schlug ihre Stunde zu Beginn des 19. Jhs., als die jungen USA über die Appalachen und das Ohiotal hinauswuchsen. Der 1830 erlassene *Indian Removal Act* machte das neue Siedlungsgebiet indianerfrei: Alle östlich des Mississippi ansässigen Stämme wurden in das (noch leere) *Indian Territory* westlich des Flusses ausgewiesen. Viele Stämme wehrten sich. Der Widerstand der Seminolen Floridas konnte erst nach drei Kriegen 1858 gebrochen werden, die Fox und Sac in Illinois kämpften bis 1832.

Die in den Appalachen Georgias lebenden Cherokee zogen 1832 vor den *Supreme Court,* der ihre Umsiedlung für illegal erklärte. Das Weiße Haus erkannte den höchstrichterlichen Spruch jedoch nicht an. 1838 wurden die Cherokee auf einem 2000 km langen Gewaltmarsch nach Kansas und Oklahoma verbracht. Auf dem *Trail of Tears* kamen 4000 Indianer ums Leben. Heute posieren nicht wenige Ureinwohner des Ostens als „echte Häuptlinge“ mit Federschmuck für die Kameras.

Doch neben vielen Problemen gibt es auch Erfolgsgeschichten. Die Legalisierung des Glücksspiels in den Reservaten verhalf manchen Stämmen zu einer neuen Einnahmequelle. Die Mashantucket-Pequot in Connecticut wurden sogar Multimillionäre: Ihr Foxwoods Casino bei Ledyard gehört zu den größten der Welt.

IVY LEAGUE

Die ältesten der rund 3700 Universitäten und Colleges der USA sind auch die renommiertesten: *Brown* in Providence (RI), *Columbia* in New York City (NY), *Cornell* in Ithaca (NY), *Dartmouth* in Hanover (NH), *Harvard* in Boston (MA), *Princeton* (NJ), *Pennsylvania* (PA) und *Yale* in New Haven (CT). Sie sind Karrieresprungbretter und kosten jährlich bis zu 30000 $. Die Bezeichnung *Ivy League* (Efeuliga) stammt aus den 1940er-Jahren, als die Präsidenten dieser Hochschulen beschlossen, ihre Footballteams gegeneinander antreten zu lassen. Inzwischen wird auch Basketball und Baseball gespielt, messen sich die Teams der *Ivy League* im Rahmen der *NCAA (National Collegiate Athletic Association)* mit Uniteams aus allen Teilen des Landes. Im allgemeinen Sprachgebrauch symbolisiert der Begriff Kultur und Bildung der weltoffenen Ostküste.

NEW SOUTH

Die Niederlage der Südstaaten im Bürgerkrieg war total. Danach mussten die Beziehungen Herren–Sklaven und Bürger–Staat neu definiert werden. Nach über 100 Jahren scheint sich das um 1880 geprägte Schlagwort vom *New South* nun endlich zu realisieren: Die Wirtschaft wurde erfolgreich diversifiziert. Tabak und Baumwolle sind nicht mehr die alleinigen Devisenbringer. Die verarbeitende Industrie boomt, Atlanta gilt als Metropole des Neuen Südens. Über 3000 Schwarze wurden allein 2002 in öffentliche Ämter gewählt. Die Frauen des traditionell konservativen Südens haben sich von ihrer Rolle an Heim und Herd emanzipiert. Das Idealbild der schönen, aber unbedarften *Southern Belle* ist längst dem Leitbild der karriereorientierten *Steel Magnolia* gewichen. Auch politisch redet der Süden wieder mit. Vier der fünf letzten US-Präsidenten waren Südstaatler.

PURITANISMUS

Unterwegs im Nordosten ist selten Positives über die Puritaner zu hören. Sie verfolgten, heißt es, Andersdenkende oder verbrannten sie als Ketzer, sie konnten nicht kochen und hatten auch sonst wenig Freude am Leben. Aber das ist nur die halbe Wahrheit. Die andere Hälfte besagt, dass sie das Wertesystem der USA prägten wie keine andere Gruppe. In England verfolgt, weil sie die *Church of England* von den als „katholischen Pomp" empfundenen Ritualen reinigen wollten, wanderten sie nach Amerika aus. 1620 kamen die ersten „Pilgerväter" an Bord der *Mayflower* in Plymouth (MA) an. Hier gründeten sie zahlreiche Städte und errich-

> DAS KLIMA IM BLICK

Handeln statt reden

atmosfair

Reisen bereichert und verbindet Menschen und Kulturen. Jedoch: Wer reist, erzeugt auch CO_2. Dabei trägt der Flugverkehr mit bis zu 10 % zur globalen Erwärmung bei. Wer das Klima schützen will, sollte sich somit nach Möglichkeit für die schonendere Reiseform (wie z.B. die Bahn) entscheiden. Wenn keine Alternative zum Fliegen besteht, so kann man mit *atmosfair* handeln und klimafördernde Projekte unterstützen.

atmosfair ist eine gemeinnützige Klimaschutzorganisation.

Die Idee: Flugpassagiere spenden einen kilometerabhängigen Beitrag für die von ihnen verursachten Emissionen und finanzieren damit Projekte in Entwicklungsländern, die dort helfen den Ausstoß von Klimagasen zu verringern. Dazu berechnet man mit dem Emissionsrechner auf *www.atmosfair.de* wie viel CO_2 der Flug produziert und was es kostet, eine vergleichbare Menge Klimagase einzusparen (z.B. Berlin–London–Berlin: ca. 13 Euro). *atmosfair* garantiert, unter der Schirmherrschaft von Klaus Töpfer, die sorgfältige Verwendung Ihres Beitrags. Auch der MairDumont Verlag fliegt mit *atmosfair*.

Unterstützen auch Sie den Klimaschutz: *www.atmosfair.de*

teten theokratisch geführte Gemeinwesen.

Kern ihres Glaubens war die Prädestinationslehre. Danach hat der Mensch die Pflicht, Gottes Willen in der Welt zu erfüllen – über das tägliche Gebet, ein tugendhaftes Leben und harte Arbeit. Daher galt Wohlstand als eine moralische Errungenschaft – für Historiker eine der Grundlagen des amerikanischen Turbokapitalismus. Die Gewissheit, mit harter Arbeit in Amerika alles erreichen zu können, prägt das amerikanische Bewusstsein bis heute.

YANKEES & SOUTHERNERS

Angeblich stammt der Name *yankee* von den im 17. Jh. in New York siedelnden Holländern. Diese wurden von ihren englischen Nachbarn in Connecticut als „Jan Kaas" oder „Janke" bezeichnet. Sie gelten als geschäftstüchtig und vor allem praktisch veranlagt. Ihr *yankee ingenuity,* ihr Ideenreichtum, ist weltberühmt. Die Erfindung arbeitssparender Maschinen geht auf ihr Konto, aber auch Waffen aus austauschbaren Teilen und Investmentfonds.

Südlich von Washington leben die *southerners,* die Südstaatler, die verdammt stolz darauf sind, keine *yankees* zu sein. Diesen begegnen sie mit Vorbehalt, schließlich ist der Bürgerkrieg erst 140 Jahre her. Die *yankees,* das wissen sie jedoch genau, denken nur ans Geldverdienen und verstehen nichts von Frauen. Sei das, wie es sei – ganz gewiss verstehen sich die *southerners* auf das gute Leben, und die *southern hospitality* ist legendär. Sie haben immer Zeit für einen Plausch und halten ihre Familie in Ehren. Die bekannteste Unterart der *southerners* sind übrigens die *rednecks.* Ursprünglich bezeichneten die Städter der Ostküste so die armen Weißen des Südens, ihnen Rassismus und einen latenten Hang zur Gewalttätigkeit unterstellend. Die heutigen *rednecks* weisen das von sich. Proletarier und stolz darauf sind sie jedoch noch immer. Sie heißen Bobby-Jack oder Billy-Bob, tragen auch im Restaurant Baseballmützen, hören Countrymusic und trinken mit ihren Freundinnen Anna-Mae und Norma-Jean Dosenbier auf der Haube ihres Pick-up-Trucks.

Südstaatenidylle eines Southerners vor seiner säulengeschmückten Villa

FEIERN MIT UND OHNE ANSTAND

Unterwegs in Richtung Süden werden Amerikas Feste immer ausgelassener

> Die Amerikaner verstehen sich aufs Feiern, jedoch im protestantischen Norden feiert man reservierter als in den überwiegend katholischen Städten des Südens. Ist ein traditioneller *Country Fair* in Illinois oder Ohio eine eher zugeknöpfte Angelegenheit, lässt der Karneval *Mardi Gras* in New Orleans dagegen halb Amerika vor Scham zu Boden blicken.

NATIONALE FEIERTAGE

1. Jan.; 15. Jan. *Martin Luther King Birthday;* **3. Montag im Feb.** *President's Day;* **Ostermontag; 4. Montag im Mai** *Memorial Day (Sommersaisonbeginn);* **4. Juli** *Independence Day;* **1. Montag im Sept.** *Labor Day (Sommersaisonende);* **2. Montag im Okt.** *Columbus Day;* **11. Nov.** *Veterans' Day;* **4. Donnerstag im Nov.** *Thanksgiving;* **25. Dez.** *Christmas*

FESTE & EVENTS

Januar

Das *Orange Bowl Festival* in Miami ist mit Paraden und Konzerten der Höhepunkt der Footballsaison. In Neuengland, Cleveland und Chicago wird der Winter mit ausgelassenem *Winterkarneval* verkürzt. Ende Januar/Anfang Februar feiern alle Chinatowns mit Feuerwerk und Umzügen das *Chinese New Year.*

Februar

Black History Month: den Afroamerikanern gewidmete Veranstaltungen in Washington; weitere Events dazu im gesamten Süden. New Orleans feiert Amerikas berühmtesten Karneval, den *Mardi Gras.* In Florida findet das legendäre Stockcarrennen *Daytona 500* statt.

März

St. Patrick's Day (17. März): Alle Irischstämmigen gedenken ihres Schutzpatrons mit Umzügen und viel Kilkenny-Bier, vor allem in Boston, Chicago und Savannah. *Calle Ocho Festival* (Monatsmitte): kubanische Lebensart in Little Havanna, Miami Insider Tipp

April

Boston Marathon (3. Montag): Amerikas berühmtester Marathon. In Lafayette

Aktuelle Events weltweit auf www.marcopolo.de/events

> EVENTS FESTE & MEHR

gibt's Cajun-Musik auf dem *Festival International de la Louisiane* (4. Woche). *Kirschblütenfest* in Washington D.C.

Mai
Bis in den Juni hinein dauert das *New Orleans Jazz and Heritage Festival.*

Juni
In Charleston findet eines der größten Theaterfestivals, das *Spoleto Festival USA,* statt und in Lenox in den Berkshire Hills das bis September dauernde *Tanglewood Music Festival.*

Juli
Anlässlich des *Independence Day* überall Paraden und Feuerwerke. Zur *Tall Ships Chicago* kommen Windjammer aus aller Welt, und Becket feiert das renommierte *Jacob's Pillar Dance Festival.*

August
Chicago Jazz Festival Ende des Monats. *Elvis International Tribute Week* in Memphis (Monatsmitte). Hummergenuss total in allen Fischerhäfen beim *Lobster Festival* in Maine. In Virginia bei den *Manassas Reenactments* (Monatsende) stellen Tausende von Kostümierten hier ausgetragene Schlachten nach. Insider Tipp

September
Harvest Celebrations gibt's in vielen Städten Neuenglands. *Zydeco Music Festival* (1. Woche) in Plaisance.

Oktober
Fall Foliage Festivals zur Laubfärbung, vor allem in Vermont und Connecticut, *Oktoberfeste* und *Halloween* landesweit

November
In Key West gibt's viel Musik und Cuba libre beim *Cuban-American Heritage Festival* (1. Woche).

Dezember
Zahllose Weihnachtsveranstaltungen – schön exotisch sind im Süden das *Creole Christmas* in New Orleans und das *Festival of Lights* in Natchitoches.

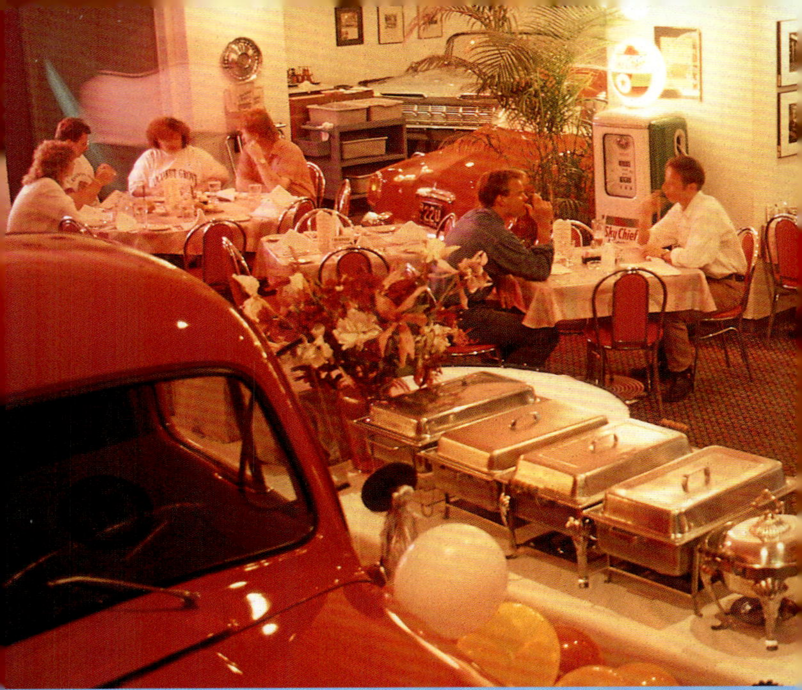

> BRAUNE BOHNEN, GRITS UND JAMBALAYA

Alle haben hier ihre kulinarischen Visitenkarten abgegeben – sogar die genussfeindlichen Puritaner

> So wie die wuchernden Vorstädte die regionalen Charakteristika unter einem Fertighausdach verstecken, verstellen Zehntausende von Schnell- und Kettenrestaurants den Blick auf die regionalen Küchen. Das ist zunächst nicht weiter schlimm. Der Preis ist korrekt, und es gibt keine Enttäuschungen, weil man sowieso nichts erwartet. So können Sie sich von Kanada bis Kuba morgens, mittags und abends preiswert den Bauch voll schlagen. Der kulinarische Tagesablauf sähe dann so aus: Zum *breakfast* (Frühstück) gibt es Toast. Dazu wird Ei serviert, bei dem Sie sich entscheiden können zwischen *sunny side up* (normales Spiegelei), *overeasy* (beidseitig gebratenes Spiegelei), *scrambled* (Rührei) und *poached egg* (gekochtes Ei). Die Beilagenklassiker sind *bacon* (Speckstreifen), *sausages* (Würstchen) und *hash brown potatoes* (Bratkartoffeln). Allerdings kön-

ESSEN & TRINKEN

nen Sie sich auch an Müsli, Cornflakes und Joghurt gütlich tun. Wer es süßer liebt, kann *pancakes* (Pfannkuchen), *waffles* (Waffeln) oder *french toast* (in Ei gebackene Toastscheiben) bestellen und mit *maple sirup* (Ahornsirup) genießen. Dazu gibt es Kaffee, der *bottomless* (nur die erste Tasse wird bezahlt) serviert wird. Der *lunch* (Mittagessen) fällt bescheidener aus: Ein Sandwich auf die Schnelle, belegt mit *chicken* (Hühnchen) oder *tuna* (Thunfisch), reicht auch den Amerikanern. Erst beim *dinner* (Abendessen) mit *appetizer* (Vorspeise), *entree* (Hauptgericht) und *dessert* (Nachtisch) wird wieder zugeschlagen.

Die Standards der Schnellrestaurants sind Steaks, Burger, Brathühnchen, Pizza, Pasta und Salate, hinzu kommen Eiscreme, *tarts* (Torten) und *pies* (ungedeckte Kuchen). Das Fleisch kommt *rare* (rot), *medium rare* (halb durch) oder *well done* (gut durch) auf den Tisch, beim Dressing können Sie zwischen Fertigsaucen wie *Italian* (Öl, Essig, Kräuter, Zwiebeln) oder *French* (Öl, Essig, Senf, Knoblauch) wählen.

Nach ein paar Tagen Cholesterinrausch ist jedoch Abwechslung angesagt. Neuengland bietet mit *lobster* (Hummer) und *scallops* (Jakobsmuscheln) sowie diversen Fischgerichten reichlich kulinarischen Auslauf.

> SPEZIALITÄTEN

Genießen Sie die typische Küche im Osten der USA!

NEUENGLAND

clam chowder – dicke Muschelsuppe mit Speck, Zwiebeln und Kartoffeln

Maine boiled lobster – gekochter Hummer mit Zitronensaft und Kräutern

MITTLERE ATLANTIKSTAATEN

crab cakes – Krebsfleisch, zubereitet mit Mayonnaise, Senf und Worcestersauce und in heißem Öl gebacken

soft shell crabs – gebraten mit Petersilie und Zitrone serviert, gedünstet mit Graubrot angerichtet

DER SÜDEN: LOWCOUNTRY

barbecue shrimps – in ihrer Schale gebackene Garnelen, serviert mit Butter-Knoblauch-Sauce

Frogmore stew – deftiger Eintopf mit Würsten, Shrimps und Mais

lobster Savannah – überbackener Hummer in Sherrysauce

DER SÜDEN: SOUL FOOD

fried grits – Hafergrützeauflauf, angereichert mit allem, was der Küchenchef gerade zur Hand hat

purloo – Eintopf aus Reis, Huhn und/oder Wild, meist mit Okraschoten, Tomaten, Knoblauch und Thymian

LOUISIANA: CAJUN CUISINE

boudin – Wurst aus gewürztem Schweinefleisch, Reis und Zwiebeln

crawfish étouffée – gekochte Flusskrebse, zubereitet mit Cayennepfeffer, Sellerie und Tabasco (Foto)

gumbo – dicke Reissuppe mit Rindfleisch, Huhn oder Boudin-Wurst

po-boy – Baguettesandwich, einst das Pausenbrot des Arbeiters *(poor boy)*

LOUISIANA: CREOLE CUISINE

jambalaya – scharfe Reisplatte mit Zutaten aus der Umgebung

shrimps creole – auf dampfendem Reis servierte, mit Cayennepfeffer, Sellerie, Paprika und Tomatenmark zubereitete Shrimps

Unbedingt versuchen sollten Sie den *Indian pudding*. Diese Nachspeise, ein Auflauf aus Zucker oder Ahornsirup, Milch und Maismehl, ließ schon die Puritaner das Tischgebet verkürzen.

Rund um die Chesapeake Bay sind die *blue crabs* eine Spezialität. Die bis zu 35 cm breiten Krebse werden in so genannten *crab houses* als *soft shell* oder *hard shell crabs* serviert. In Virginia schmecken – und riechen – Sie dann zum ersten Mal den Süden: Willkommen in *Barbecue Country,* wo alles auf dem Holzkohlegrill endet, was Flügel oder vier Beine hat!

Weiter südlich haben das warme Klima und die Vielfalt der Kulturen regionale Küchen hervorgebracht, die als *Southern Cuisine* zusammengefasst werden. Im Küstentiefland rund um Charleston regiert die *Lowcountry Cuisine* mit gut gewürzten Hummer- und Shrimpsgerichten, die mit Reis gereicht werden. Ebenfalls afroamerikanisch inspiriert: *Soul Food*. Einst die Resteküche der armen Schwarzen zwischen Memphis und Detroit, wurde sie mit exotischen Zutaten zu einer eigenen Kochrichtung stilisiert, die in allen größeren Städten gute Soul-Food-Restaurants hervorgebracht hat.

Es ist jedoch der tiefe Süden, der in wahre kulinarische Ekstase versetzt. Die Kochkünste der Franzosen, Spanier, Akadier und Sklaven aus Afrika und der Karibik flossen in und um New Orleans zu einer gänzlich unamerikanischen Kochtradition zusammen, die vor allem zwei Küchen hervorbrachte: die *Creole Cuisine* und die *Cajun Cuisine.* Erstere begann als Küche der städtischen Oberschicht und gilt heute, dank raffinierter Zutaten wie Rockefelleraustern und herrlicher Saucen, immer noch als elegant und *sophisticated*. Letztere ist die Küche der aus Nova Scotia stammenden Akadier, der Cajuns, und bringt scharf gewürzte Fleisch-, Fisch- und Suppeneintöpfe auf den Tisch.

Vielfalt ist angesagt: Die Palette reicht von Fastfood bis zum Spezialitätenrestaurant

Nicht unerwähnt bleiben dürfen die Nationalitätenrestaurants. Keine Stadt ohne Sushibar, kein Ort ohne Italiener, Griechen, Türken oder Mexikaner. Hunger ist das letzte aller Probleme. Eher haben Sie die Qual der Wahl – auch bei den alkoholischen Getränken. Die Zeit der Dünnbiere von *Schlitz* und *Budweiser* ist vorbei. Inzwischen gibt es überall die so genannten *microbreweries*. Die produzieren gute bis hervorragende Gerstensäfte – manchmal sogar nach dem deutschen Reinheitsgebot!

Ich shoppe, also bin ich

Wie die Luft zum Atmen: Shopping ist in Amerika ein Grundbedürfnis mit Entertainment-Charakter

> Amerikaner kaufen nicht einfach nur ein. Sie wollen auch unterhalten werden. Die in den 1990er-Jahren vollzogene Trendwende zum „Schöner Shoppen“ hat inzwischen Einkaufszentren hervorgebracht, die nicht nur mit Restaurants und Coffee Shops, sondern auch mit Vergnügungsparks, Fitnessclubs und Wasserspielen derart ausgestattet sind, dass man leicht einen ganzen Tag in ihnen verbringt. Von der neuen Lust der Amerikaner auf Einkaufszonen menschlicheren Ausmaßes haben auch die lange vernachlässigten Innenstädte profitiert. Freier Raum wurde dort mit hochpreisigen Boutiquen, Kunstgalerien und Restaurants belegt. „Schöner Shoppen“ statt „shop 'til you drop“ heißt auch hier die Devise. Sie werden staunen, wie schnell Sie Ihre Kreditkarte zücken!

ANTIQUITÄTEN & FOLKART AUS DEM SÜDEN

Erst kamen die Studenten, dann die Musiker und Studenten, dann die Künstler: Heute ist das Städtchen Athens *(www.visitathensga.com)* unweit von Atlanta nicht nur für seine Musikszene berühmt, sondern auch als idyllisches Einkaufsparadies. Besonders schöne Antiquitäten- und Folkart-Läden gibt es an der South Lumpkin Street.

CAJUN MUSIK AUS LOUISANA

Sie geht in die Beine, die Musik der Cajuns im Cajun Country. Wonach auch die Hiesigen gerne tanzen, gibt es als CDs in allen General Stores gleich neben der Kasse zu kaufen. Besondere populäre Interpreten: Hadley Castille, Tom Riley & the Mamou Playboys und BeauSoleil.

INNER CITY SHOPPING

Schöne Beispiele für Shopping in historisch gewachsener Atmosphäre sind die Newbury Street in Boston *(www.newbury-st.com)*, die Altstadt von Savannah, das French Quarter in New Orleans *(www.frenchquarter.com/shopping)* und Georgetown in Washington, DC *(www.georgetowndc.com)*.

> EINKAUFEN

KUNST & SHAKER-DOSEN AUS NEUENGLAND

Die besten Orte für Kunstgenuss und anregende Gespräche mit Kreativen: Provincetown (MA) mit zwei Dutzend Kunstgalerien und der Provincetown Art Association; Portland (ME) mit seinem neuen Art District zwischen Old Port und Congress St. und dem Portland Museum of Art; und North Adams (MA) mit seinem MASS MoCa, dem größten Museum für moderne Kunst im Land.

Die heute in vielen Workshops und Andenkenläden in Neuengland angebotenen ovalen Dosen stammen ursprünglich von der Religionsgemeinschaft der Shaker. Aus Ahornholzlatten gefertigt, kommen sie in allen Größen und halten ewig – getreu dem Shaker-Motto: „Do it once, and do it right!". Gute Shaker-Dosen gibt es im Hancock Shaker Village.

MALLS

Viele Malls sind inzwischen selbst Attraktionen. Copley Place *(www.shopcopleyplace.com)* in Boston lockt mit Wasserfällen und Livedarbietungen. Das Flaggschiff von Macy's am Herald Square in New York *(www.macys.com)*, eine vertikale Mall aus neun Etagen, setzt ebenfalls voll auf Unterhaltung. Eine Stadt in der Stadt ist gar die King of Prussia Mall *(www.kingofprussiamall.com)* bei Philadelphia mit sieben Warenhäusern und 370 Geschäften, Modenschauen und Festivals die größte Mall der Ostküste. Atlantas Malls, allen voran das schicke Lenox Square *(www.simon.com)*, wo die Luxushotels ringsum eigens Shoppingprogramme anbieten, haben die Metropole Georgias sogar zum Einkaufszentrum des gesamten Südens gemacht.

SHELL ART AUS FLORIDA

Zu Schmuck und Dekoartikeln verarbeitete Muscheln finden Sie vor allem in den Galerien an der Lee Island Coast im Südwesten Floridas. Dort gibt es über 400 Muschelarten, die mit Perlen, Korallen und Gold zu herrlichen Mitbringseln verarbeitet werden.

> AMERIKAS GUTE STUBE

Hier sind die USA am europäischsten – und am amerikanischsten

> Die Region in der Nordostecke der USA mutet fast europäisch an: Die Landschaft ist kleinräumig, die Städte liegen nahe beieinander, und ihre fast 400-jährige Geschichte vermittelt Beständigkeit.

Neuengländer sind die leiseren Amerikaner. Sie restaurieren ihre Häuser lieber als sie abzureißen. Sie haben die besten Schulen besucht, verdienen das durchschnittlich meiste Geld. Keine Klischees, sondern Statistik. Zugleich könnte Neuengland nicht amerikanischer sein. Hier wurde energisch die Loslösung von der Alten Welt vorangetrieben, hier begann der Unabhängigkeitskrieg, und von hier aus nahm die Industrialisierung ihren Lauf. Nicht umsonst also ist Neuengland stolz auf seinen Titel „Wiege der Nation".

Neuengland heute, das sind die Bundesstaaten Massachusetts (MA), Connecticut (CT), Maine (ME), New Hampshire (NH), Rhode Island (RI)

Bild: Haus in Warren, Connecticut

NEUENGLAND

und Vermont (VT). Boston ist die heimliche Hauptstadt der Region und für Reisende das Sprungbrett in das an Aktivitäten reiche Hinterland. Die Palette reicht vom Bummeln durch hübsche Dörfer über verschärftes Hiking in der subarktischen Wildnis der White Mountains bis zur Walbeobachtung vor Cape Cod oder Maine.

Weitere Infos über Neuengland finden Sie auch im MARCO POLO „USA Neuengland/Long Island".

ACADIA NAT. PARK

[125 F3] ★ **Der einzige Nationalpark Neuenglands, 143 km² klein und überwiegend auf dem vorgelagerten Mount Desert Island liegend, schützt eine faszinierende Landschaft mit über 400 m hohen topfförmigen Granitkuppen, blauem Meer und grünen Wäldern.** Tageswanderungen wie auf dem *Jordan Pond Shore*

Trail führen zu phantastischen Aussichten. Autofahrern vermittelt die 50 km lange *Loop Road* die Schönheit des Parks. Von ihr zweigt eine Straße auf den *Mount Cadillac* (504 m) ab. Basis für Touren ist der Ferienort *Bar Harbor* (2700 Ew.) an der Nordostseite. Einst Fischerhafen, ist er heute ganz auf Tourismus eingestimmt. Seit vielen Jahren führt *Bar Harbor Whale Watch Company* von hier aus Walbeobachtungstouren durch *(1 W St. | Tel. 207/288-23 86 | Preis 46 $).*

Wanderwege von insgesamt 250 km Länge führen durch den Acadia National Park

Ein gemütliches Lokal mit Veranda am Wasser ist *Stewman's Lobster Pound (123 Eden St. | Tel. 207/288-97 23 | €€).* Zum Übernachten empfiehlt sich in Bar Harbor das Motel am Ortseingang *Acadia Inn* mit großen Zimmern und Pool *(95 Zi. | 98 Eden St. | Tel. 207/288-35 00 | www.acadiainn.com | €€)* oder der *Legelawn Inn* mit geräumigen Zimmern in zwei stilvollen Residenzen *(34 Zi. | 66 Mount Desert St. | Tel. 207/288-45 96, 1-800-274-53 34 | www.ledgelawninn.com | €€–€€€).*

Insider Tipp

Auskunft: *Bar Harbor Chamber of Commerce | 1201 Bar Harbor Rd., Trenton (Festland) | Tel. 207/288-51 03 | www.barharborinfo.com*

ZIEL IN DER UMGEBUNG

MAINE COAST **[125 E3]**

Südwestlich des Parks beginnt eine imposante Küstenlandschaft – besonders fotogen zwischen der vitalen Hafenstadt *Portland* und *Bar Harbor.* Auf der Rte. 1 gelangen Sie bequem zu der 24 Stunden geöffneten Factory-Outlet-Stadt *Freeport,* der wegen ihres malerischen Leuchtturms berühmten *Pemaquid Peninsula* und dem sich in einer Felsenbucht räkelnden *Camden.*

BERKSHIRE HILLS

[124 C4–5] ★ **Die Ostküstenprominenz kürte diese friedvolle Hügellandschaft im Westen Massachusetts einst zur Sommerfrische.** Gleich mehrere hübsche Städtchen liegen zwischen den dicht bewaldeten Hügelketten: *Stockbridge* (2500 Ew.), ein viktorianisches Juwel und untrennbar mit dem Namen des beliebten Malers Norman Rockwell verbunden, der Weiler *Becket,* der beim *Jacob's Pillow Dance Festival* im Sommer zeigt, was Amerika und die Welt im modernen Tanz zu bieten haben *(Tickets: Tel. 413/243-07 45 | www.jacobspillow.org),* und das feine Collegestädtchen *Williamstown* (4800 Ew.), das eine der besten Kunstgalerien der Ostküste bietet. Die landesweit größten Ausstellungshallen für moderne Kunst liegen unweit davon in *North Adams* (15 000 Ew.). Und *Pittsfield* (45 000 Ew.), unlängst zu einem der zehn lebenswertesten Orte im Osten gekürt, ist wegen der *Shaker* ein Muss.

SEHENSWERTES

HANCOCK SHAKER VILLAGE

Das Freilichtmuseum dokumentiert Lebensstil und Philosophie dieser sanften Fundamentalisten, deren schlichte Möbel weltbekannt sind. *April–Okt. tgl. 10–17 Uhr | Eintritt 15 $ | westlich Pittsfields an der Rte. 20 | www.hancockshakervillage.org*

MASSACHUSETTS MUSEUM OF CONTEMPORARY ARTS

Progressive amerikanische und internationale Moderne werkeln hier in 27 ehemaligen Fabrikhallen, so manche Installation nagt an konventionellen Grenzen. Auch geführte Touren. *Tgl. 10–18 Uhr | Eintritt 12,50 $ | 87 Marshall St. | www.massmoca.org*

NORMAN ROCKWELL MUSEUM

Ein dem berühmten Illustrator der Saturday Evening Post gewidmetes Museum. *Mai–Okt. tgl. 10–17, sonst Mo–Fr 10–16, Sa/So 10–17 Uhr | Eintritt 15 $ | Stockbridge | Rte. 183 | www.nrm.org*

MARCO POLO HIGHLIGHTS

★ **Acadia Nat. Park**
Die schönste Küste Maines (Seite 31)

★ **Berkshire Hills**
Idyllische Hügel (Seite 33)

★ **Freedom Trail**
Bostons Spaziergang durch die Geschichte (Seite 36)

★ **Provincetown**
Walfängerhafen, Künstlerkolonie und endlose Strände (Seite 39)

★ **Mount Washington**
Neuenglands höchster Berg mit einer subarktischen Vegetation (Seite 40)

STERLING AND FRANCINE CLARK ART INSTITUTE

Die französischen Impressionisten und alten europäischen wie amerikanischen Meister locken Kunstfans aus aller Welt hierher. *Di–So 10 bis 17 Uhr | Eintritt 12,50 $ | Williamstown | 225 S St. | www.clarkart.edu*

ESSEN & TRINKEN/ ÜBERNACHTEN

Insider Tipp

RED LION INN

Eine Institution seit 230 Jahren mit drei Restaurants. *111 Zi. | Main St. | Stockbridge | Tel. 413/298-55 45 | www.redlioninn.com* | €–€€

THE ORCHARDS

Schlafen in Himmelbetten, feines Restaurant. *49 Zi. | 222 Adams Rd. | Williamstown | Tel. 413/458-96 11 | www.orchardshotel.com* | €€–€€€

AUSKUNFT

THE BERKSHIRES VISITORS BUREAU

3 Hoosac St. | Adams | Tel. 413/743-45 00, 1-800-237-57 47 | www.berkshires.org; Hotelreservierungen Tel. 1-800-237-57 47

ZIEL IN DER UMGEBUNG

CONNECTICUT RIVER VALLEY [124–125 C–D5]

Am idyllischen Unterlauf des längs durch Neuengland fließenden Connecticut River, knapp zwei Autostunden entfernt, prägen schläfrige Kolonialstädtchen das Bild. An der Mündung lohnt in *Old Lyme* (650 Ew.) das *Florence Griswold Museum* mit seinen amerikanischen Impressionisten *(April–Dez. Di–Sa 10–17, So 13 bis 17, sonst Mi–So 13–17 Uhr | Eintritt 8 $ | 96 Lyme St. | www.flogris.org)*. In *Essex* (6600 Ew.) zeigt das *Connecticut River Museum* eine Replik des ersten U-Boots der Welt *(Di–So 10–17 Uhr | Eintritt 8 $ | 67 Main St. | www.ctrivermuseum.org)*. Schmissige Musicals führt das historische *Goodspeed Opera House* in *East Haddam* (8400 Ew.) auf *(6 Main St. | www.goodspeed.org)*.

Hartford (125 000 Ew.) liegt am Ende des schiffbaren Flussabschnitts. Die moderne Hauptstadt von Connecticut besitzt mit dem *Mark Twain House & Museum* ein herausragendes Museum des berühmten Schriftstellers *(Mo–Sa 9.30–17.30, So 12 bis 17.30 Uhr | Eintritt 14 $ | 351 Farmington Av. | www.marktwainhouse.org)*.

Insider Tipp

BOSTON

KARTE IN DER HINTEREN UMSCHLAGKLAPPE

[125 D4–5] **Die Hauptstadt von Massachusetts (600 000 Ew.) ist immer busy: Postmoderne Bürotürme ragen über historischen Ziegelbauten in den Himmel, im Zehnminutentakt steigen Passagierjets von dem ins Meer gebauten Logan Airport auf.** Die Verbindung von Bildung, Forschung, Kapital und Sport hat die Stadt geprägt. Die Eliteuni Harvard und Dutzende weiterer Institute sind ein Pool, aus dem Erfindungen wie Internet und Mikrowelle hervorgingen. Als Heimat von gleich vier Spitzenteams, nämlich den *Boston Red Sox* (Baseball), den *New England Patriots* (Football), den *Boston Bruins* (Eishockey) und den *Boston Celtics* (Basketball), gilt die Stadt am Charles River zudem als Sporthauptstadt der USA. Dabei ist Boston geschichts- und auch ein wenig standesbewusst. Bereits 1630 gegründet, feierte sich die Stadt im 19. Jh. als „Zentrum des Sonnensystems“. Nobelviertel wie *Beacon Hill* und *Back Bay* erinnern an diese Zeit und geben Boston ein europäisches Flair.

SEHENSWERTES

BACK BAY

Fünf schnurgerade Straßen mit prächtigen Häusern kennzeichnen das im 19. Jh. nach Pariser Vorbild entstandene Viertel. Hier finden Sie Museen, Restaurants und die edle Shoppingmeile *Newbury Street*. Unübersehbar an dem von architektonischer Vielfalt geprägten *Copley Square* ragt der blau schimmernde *John Hancock Tower* 241 m in die Höhe, den der Bostoner Stararchitekt I. M. Pei für die gleichnamige Versicherungsgesellschaft erbaute. Die wuchtige *Boston Public Library* von 1848 besitzt sehenswerte Wandgemälde *(Mo–Do 9–21, Fr/Sa 9–17, So 13–17 Uhr)*, und neoromanisch präsentiert sich die *Trinity Church* von 1877. Elegante Shops und Bars finden Sie im Einkaufszentrum *Copley Place*, von dem aus Sie den *Prudential Tower* mit tollem Blick aus dem 50. Stock erreichen *(Skywalk | tgl. 10–22 Uhr | Eintritt 11 $)*.

BEACON HILL

Rotziegelige Stadthäuser mit Erkern und gusseisernen Geländern versetzen Sie zurück ins Droschkenzeitalter, als Beacon Hill als Enklave für die Oberschicht gebaut wurde. Die schönsten Straßen sind *Acorn Street* – hier wohnte die Dienerschaft – und *Mount Vernon Street*.

Insider Tipp

Skyline des Financial District in Boston, eines der größten Finanzzentren im Nordosten der USA

BOSTON

FREEDOM TRAIL ★

Folgen Sie einfach der 5 km langen roten Linie auf dem Bürgersteig: Sie beginnt am 1634 angelegten Stadtpark *Boston Common* und führt quer durch *Downtown* und *North End* nach *Charlestown*. Dabei berührt sie alle stadtgeschichtlich bedeutsamen Stätten des Freiheitskampfes, darunter das *Old State House*, von dessen Balkon aus John Adams 1776 die Unabhängigkeitserklärung verlas. *www.thefreedomtrail.org*

HARRISON GRAY OTIS HOUSE

Das Haus aus dem Jahr 1796 zeigt den eleganten Alltag der Bostoner Oberschicht. *Juni–Okt. Mi–So 11 bis 16.30, sonst Sa/So 11–16.30 Uhr | Eintritt 8 $ | 141 Cambridge St.*

> LOW BUDGET

- Boston: Livemusik lokaler Jazz-, Blues und Rockbands gratis und ohne Konsumzwang gibt's in *Lucky's Lounge (355 Congress St. | Tel. 617/357-5825)*. Besonders beliebt: der *Sinatra Sunday!*
- Eine Übernachung in Bostons Vierteln North End und Back Bay ist teuer. Dennoch lässt sich Geld sparen. Online-Reservierungsseiten wie *www.hotwire*, *www.orbitz.com* und *www.expedia.com* helfen dabei.
- Die *Traveller Discount Guides* liegen in allen Raststätten und Besucherzentren aus und bestehen vor allem aus Sparcoupons für Hotels, Restaurants, Theater und selbst Malls und Warenhäuser. Mit *www.roomsaver.com* gibt es Sparcoupons für alle sechs Neuenglandstaaten auch online.

ISABELLA STEWART GARDNER MUSEUM

Die Privatsammlung der früheren Society Queen enthält unbezahlbare alte Meister, Skulpturen und Möbel. *Di bis So 11–17 Uhr | Eintritt 12 $ | 280 The Fenway | www.gardnermuseum.org*

Insider Tipp

MUSEUM OF AFRO-AMERICAN HISTORY

Insider Tipp

Gewidmet der oft vernachlässigten Geschichte der schwarzen Bostonians. *Mo–Sa 10–16 Uhr | Eintritt frei | 46 Joy St. und Smith Court | www.afroammuseum.org*

MUSEUM OF FINE ARTS

Über 1 Mio. bedeutende Kunstwerke beherbergt dieses grandiose, soeben erweiterte Museum. Zu empfehlen: die Porträtsammlung prominenter Bostoner. *Mo/Di 10–16.45, Mi–Fr 10–21.45, Sa/So 10–16.45 Uhr | Eintritt 17 $ | 465 Huntington Av.*

ESSEN & TRINKEN

MAMMA MARIA

Toskanische Rezepte, die Nr. 1 im North End. *3 N Square | Tel. 617/523-00 77 | €€€*

METROPOLIS CAFÉ ▶▶

Cooles Nachbarschaftsbistro im South End. Neue amerikanische Küche mit mediterranem Akzent. Lecker: die Kastaniensuppe mit Foie gras. *584 Tremont St. | Tel. 617/247-2931 | €€*

SONSIE

Insider Tipp

Tolle Fusion Cuisine in edler Atmosphäre in Back Bay. *327 Newbury St. | Tel. 617/351-25 00 | €€*

EINKAUFEN

Boston ist für zwei Topadressen bekannt: die Niedrigpreisinstitution

Filene's Basement (497 Boylston St.) und *Newbury Street*, die exquisite Modemeile der Ostküste.

AM ABEND

Klassikfreunden ein Begriff: das *Boston Symphony Orchestra (Symphony Hall | 301 Massachusetts Av. | Tel. 617/266-12 00)*. Gutes Theater sehen Sie im *Wang Center for the Performing Arts (270 Tremont St. | Tel. 617/482-93 93)*, Musicals im *Shubert Theatre* im gleichen Haus.

Die besten Bars liegen am *Common*, an der ▶▶ *Boylston St.* und in *Back Bay*. Im Wohnviertel ▶▶ *The Fenway* finden Sie Studentenkneipen und Amateurbühnen. Was wann los ist, steht donnerstags im „Boston Globe".

ÜBERNACHTEN

B & B AGENCY OF BOSTON

Die Agentur vermittelt Apartments und B & Bs zwischen 70 $ und 160 $. *47 Commercial Wharf, Suite 3 | Tel. 617/720-35 40, 1-800-248-92 62 | www.boston-bnbagency.com*

82 CHANDLER STREET

Ruhiges B & B nahe Copley Square. *5 Zi. | 82 Chandler St. | Tel. 617/482-04 08 | Fax 482-06 59 | €€*

NEWBURY GUEST HOUSE

Schön altmodisch, trotz Lage in Back Bay bezahlbar. *32 Zi. | 261 Newbury St. | Tel. 617/670-60 00 | www.newburyguesthouse.com | €€*

AUSKUNFT

GREATER BOSTON CONVENTION & VISITORS BUREAU

2 Copley Place | Suite 105 | Tel. 617/536-41 00, 1-888-733-26 78 | Fax 424-76 64 | www.bostonusa.com; Infopavillon am Common

ZIELE IN DER UMGEBUNG

CAMBRIDGE [125 D4]

Die fünf Autominuten von Boston entfernte Stadt (102 000 Ew.) – auch mit der Subway erreichbar – ist Sitz der 1638 gegründeten ▶▶ *Harvard University*. Hier finden Sie Collegeflair und gute Kunstmuseen. Sehenswert ist vor allem das europäischer

Shopping in der Newbury Street, wo die Nobelmarken der Welt vertreten sind

Kunst gewidmete *Fogg Art Museum (Mo–Sa 10–17, So 13–17 Uhr | Eintritt 9 $ | 32 Quincy St. und Broadway).*

LEXINGTON/CONCORD [125 D4]

In *Lexington* (20 Minuten Fahrt von Boston entfernt) fielen 1775 die ersten Schüsse des Unabhängigkeitskriegs. Heute scharen sich Touristen um den *Battlefield Green* – Schauplatz der historischen Schießerei – mit seinen Kolonialhäusern und -tavernen. Im ruhigeren Nachbarort *Concord* steckten die Briten ihre erste Niederlage ein, an der *Old North Bridge* wurden sie von amerikanischen Kolonisten in die Flucht geschlagen. Freunden amerikanischer Literatur zu empfehlen ist das Ralph W. Emerson und Henry D. Thoreau gewidmete *Concord Museum*. Die Dichter lebten hier um 1850 *(April–Dez Mo–Sa 9–17, So 12–17, sonst Mo–Sa 11–16, So 13–16 Uhr | Eintritt 10 $ | 200 Lexington Rd. | www.concordmuseum.org).*

PLYMOUTH [125 D5]

Hier begann 1620 Neuengland. In jenem Jahr landeten in Plymouth (58 000 Ew.) die „Pilgerväter" – ein Ereignis, an das vielfach in diesem Küstenort, ca. 40 Minuten südlich von Boston, erinnert wird. Sehenswert: der Nachbau der *Mayflower* an der Pier und das Museumsdorf *Plimoth Plantation* etwas außerhalb der Stadt. Mit strohgedeckten Hütten, Palisaden und schauspielenden Bewohnern stellt es Plymouth anno 1627 dar *(April–Nov. tgl. 9–17.30 Uhr | Kombiticket 28 $ | www.plimoth.org).*

SALEM [125 D4]

Die alte Handelsstadt Salem (42 000 Ew.), 30 Minuten nördlich von Boston, ist wegen ihrer Hexenverfolgungen berühmt-berüchtigt. Wie die Puritaner 1692 mit Hexen verfuhren, zeigen schauerliche Attraktionen wie das *Salem Witch Museum (tgl. 10–17 Uhr | Eintritt $ 8 | Washington Square)* oder das *Witch Dungeon Museum (tgl. 10–17 Uhr | Eintritt 8 $ | 16 Lynde St.)*. Seriöser ist das phantastische, Salems Chinahandel gewidmete *Peabody Essex Museum*, (Insider Tipp) das herrliche Handelsware aus dem Reich der Mitte besitzt *(tgl. 10–17 Uhr | Eintritt 15 $ | E India Square | www.pem.org/flash.php).*

CAPE COD

[125 E5] Lange Sandstrände und pastellfarbene Spätnachmittage sind das Mar-

kenzeichen dieses beliebten Feriengebiets auf einer hakenförmigen Halbinsel.

SEHENSWERTES

CAPE COD MUSEUM OF FINE ARTS

Die schönsten Gemälde von Cape Cod. *Di–Sa 10–17, So 12–17 Uhr | Eintritt 8 $ | Rte. 6A, Dennis | www.cmfa.org*

HERITAGE MUSEUMS & GARDENS

Das große Museum zeigt tolle Oldtimer und Volkskunst aus ganz Amerika. *Mai–Okt. tgl. 9–17 Uhr | Eintritt 12 $ | Grove und Pine Sts. | Sandwich*

PROVINCETOWN ★ ▶▶

Der verschachtelte alte Walfängerhafen (3500 Ew.) zwischen hohen Sanddünen gilt als liberalste Gemeinde östlich von San Francisco. Kein Wunder, zieht er seit 1900 Künstler und Homosexuelle an. Viele der Bars, Clubs und Musikkneipen an der *Commercial Street* genießen Legendenstatus. Ein ungewöhnliches Museum zu Walfängern, Fischern und Strandpiraten ist das *Provincetown Heritage Museum (tgl. 10–18 Uhr | Eintritt 6 $ | 356 Commercial St.).*

Vom 80 m hohen *Pilgrim Monument,* einem Denkmal für die Pilgerväter, haben Sie einen herrlichen Blick bis nach Boston *(Juli–Aug. tgl. 9–19, Mai–Juni, Sept.–Nov. tgl. 9–17 Uhr | Eintritt 7 $).* Unterwegs lohnen die 70 km langen Sandstrände des *Cape Cod Nat. Seashore* das Aussteigen *(www.nps.gov/caco).*

ESSEN & TRINKEN

LORRAINE'S

Halbdunkle Essstube, mexikanische Spezialitäten und über 100 Tequila-Sorten. *133 Commercial St. | Provincetown | Tel. 508/487-86 00 | €*

Plymouth Plantation: Die erste Siedlung der Pilgerväter wurde sehr lebensnah rekonstruiert

EINKAUFEN

Die alte Route 6 A ist wegen ihrer Antiquitätenläden als *antiquity row* bekannt. Besonders gute Händler finden Sie in *Brewster* und *Dennis*. Schrille Boutiquen und gute Galerien drängen sich an der Commercial Street in *Provincetown*.

ÜBERNACHTEN

Insider Tipp

BELFRY INNE

Urgemütliches Haus im verspielten Queen-Anne-Style. Weitere Zimmer und Restaurant nebenan in ehemaliger Kirche und im eleganten *Village House. 21 Zi. | 8 Jarves St., Sandwich | Tel. 508/888-85 50 | www.belfryinn.com* | €€–€€€

FAIRBANKS INN

Rustikale Eleganz in historischem Kapitänshaus. *14 Zi. | 90 Bradford St., Provincetown | Tel. 508/487-03 86 | www.fairbanksinn.com* | €€

FREIZEIT & SPORT

Insider Tipp

Die Radwege rund um Provincetown führen durch ausgedehnte Dünenlandschaften. Räder sind in der Stadt zu mieten. Die besten Badestrände vor Ort sind *Race Point* und *Herring Cove*. *Nauset Beach* ist der schönste Strand im *Cape Cod Nat. Seashore*. Start und Ziel von Walbeobachtungstouren ist die *MacMillan Wharf* in Provincetown.

AUSKUNFT

CAPE COD CHAMBER OF COMMERCE

307 Main St., Hyannis | Tel. 508/362-32 25 | www.capecodchamber.org

MOUNT WASHINGTON

[125 D3] ★ **Mit nur 1917 m wirkt der höchste Berg Neuenglands dank seiner niedrigen Baumgrenze und einer vegetationslosen Mondlandschaft im Gipfelbereich erheblich höher.** Dort erwarten Sie eine bunkerähnliche Wetterstation mit Restaurant und ein grandioser Rundumblick. Der *Appalachian Mountain Club* unterhält in dieser Region mehrere 100 km teilweise schwerer Hiking Trails und Wanderhütten. Nähere Infos, auch zur Flora und Fauna am Mt. Washington, gibt es im *AMC Pinkham Notch Visitor Center (tgl. 9–17.30 Uhr | Rte. 16 | Gorham | Tel. 603/466-27 21 | www.outdoors.org)*.

SEHENSWERTES

AUTO ROAD

Knapp 13 km lang, schraubt sich die gebührenpflichtige Straße von Glen

> FLAMMENDE WÄLDER

Neuenglands Indian Summer

Wie kommt es zu der berühmten Laubverfärbung? Anders als in Europa sind die Bäume in Neuengland starken Temperaturschwankungen ausgesetzt. Das lässt die Nährstoffproduktion extrem zurückgehen. Zudem sorgt ein nur hier vorkommendes Pigment, Anthocyan, mit knalligen Rottönen jedes Jahr Anfang Oktober für eine dramatisch-feurige Verfärbung.

Die Mount Washington Cog Railway erklimmt auf ihrem Weg Steigungen bis zu 37 Prozent

House aus *(Rte. 16)* in dramatischen Serpentinen durch alle Vegetationszonen Neuenglands auf den Gipfel. *Mai–Okt. tgl. 8–16, Juni–Sept. 8–18 Uhr | 26 $ pro Person*

MOUNT WASHINGTON COG RAILWAY
Auf der anderen Seite des Bergs dampft seit 1869 die älteste Zahnradbahn der Welt den Berg hinauf – und verbraucht jedes Mal 1 t Kohle und 4000 l Kühlwasser. *Ende April–Okt., wetterabhängig | Ticket 59 $ | Rte. 302 | Base Rd. | Tel. 603/278-54 04 | www.thecog.com*

ESSEN & TRINKEN

THE SHANNON DOOR PUB
Restaurant und irischer Pub, erstklassige Pizza. *Rtes. 16 und 16A, Jackson | Tel. 603/383-42 11 |* €

ÜBERNACHTEN

MOUNT WASHINGTON HOTEL
Herrliches Grandhotel zu Füßen des Bergs. *200 Zi. | Rte. 302, Bretton Woods | Tel. 603/278-10 00 | www.mountwashingtonresort.com |* €€€

NEWPORT

[125 D5] Die Seglerhauptstadt der USA (24 500 Ew.) trug bis 1983 den berühmten „America's Cup" aus. Von der ▶▶ Long Wharf, wo die College Kids in Bars und Clubs feiern, können Sie die schönsten Yachten der Welt bestaunen. Rockefeller & Co. diente Newport einst als Sommerfrische. Zwischen *Ocean Drive* und dem auf Klippen liegenden Spazierweg *Cliff Walk* entstanden bis 1900 viele Schlösser auf dem Granit, so genannte *mansions,* die manchen König in Europa vor Neid erblassen ließen, darunter die „Sommerhäuser" der Vanderbilts: das *Breakers (44 Ochre Point/Ruggles Av.)* und das *Marble House (596 Bellevue Av. | beide April–Okt. tgl. 10–17 Uhr, Nov.–März unterschiedliche Öffnungszeiten).* Diese und weitere Schlösser können Sie mit einem Ticket der *Preservation Society of Newport* besichtigen *(Tel. 401/847-10 00 | www.newportmansions.org).*

Moderne amerikanische Küche in historischem Ambiente (Bewirtung seit 1687) bietet die *White Horse Taverne (26 Marlborough St. | Tel. 401/849-36 00 | €€)*. Sechs gemütliche Zimmer finden Sie im *Jailhouse Inn,* einem ehemaligen Kolonialgefängnis *(13 Marlborough St. | Tel. 401/847-46 38 | www.historicinnsofnewport.com | €€)*.

Auskunft: *Visitor Information Center | 23 America's Cup Av. | Tel. 401/845-91 23 | www.gonewport.com*

ZIEL IN DER UMGEBUNG

NEW BEDFORD [125 D5]

Die 92 500-Einwohner-Stadt rund 60 km nordöstlich von Newport war früher ein bedeutender Walfängerhafen, den Herman Melville in seinem Klassiker „Moby Dick" beschrieb. Literarisch verewigt hat Melville auch die kleine Kapelle *Seaman's Bethel (Mai–Okt. tgl. 10–17, sonst Mo–Fr 11–13, Sa 10–17, So 13–17 Uhr)*. Das *New Bedford Whaling Museum*, das beste seiner Art in Neuengland, widmet sich dem Walfang des 18. und 19. Jhs. Zu sehen ist auch ein 27 m langes Modell eines alten Walfangschiffs *(tgl. 9–17 Uhr | Eintritt 10 $ | 18 Johnny Cake Hill, via I-96, Exit 90 | www.whalingmuseum.org)*.

PORTLAND

[125 D–E3] **Das kulturelle Zentrum von Maine. Einfach schön, wie sich die 63 000-Einwohner-Stadt die Hänge der Casco Bay emporrankt und mit ihren Galerien, Coffee Shops und Trendboutiquen Weltoffenheit demonstriert.** 1632 gegründet und seitdem mehrmals niedergebrannt, erholte sich die Hafenstadt noch stets und ist heute vor allem bei jungen Familien als Wohnsitz beliebt.

SEHENSWERTES

DOWNTOWN/OLD PORT

Portlands bedeutendste Sehenswürdigkeit in der übersichtlichen Downtown ist das *Portland Museum of Art (Di–Do, Sa/So 10–17, Fr 10–21 Uhr | Eintritt 10 $ | 7 Congress Square | www.portlandmuseum.org/)* mit seiner großen Gemäldesammlung, u. a. von Edward Hopper und Winslow Homer. Danach können Sie zum *Old Port Exchange* am Wasser hinunterschlendern. Das charmante alte Hafenviertel mit Pubs und Galerien in alten Gemäuern liegt zwischen Pearl und Exchange Street.

ESSEN & TRINKEN

STREET & CO.

Bestes Seafood, v. a. Hummer mit Knoblauchsauce, in historischem Lagerhausambiente. *33 Wharf St. | Tel. 207/775-0887 | €€*

ÜBERNACHTEN

THE INN AT PARK SPRING

Hübsches kleines B & B, fußgängerfreundlich gelegen mit sechs urgemütlich eingerichteten Zimmern. *135 Spring St. | Tel. 207/774-10 59 | www.innatparkspring.com | €–€€*

AUSKUNFT

CONVENTION & VISITORS BUREAU

245 Commercial St., Portland | Tel. 207/772-58 00 | www.visitportland.com

ZIEL IN DER UMGEBUNG

FREEPORT/POPHAM BEACH STATE PARK

Knapp 20 Minuten nordöstlich von Portland liegt Amerikas größter Factory Outlet. Freeport ist eine einzige Mall: Fast 200 Textilienhersteller verkaufen hier ab Fabrik, in der Regel mit bedeutenden Preisnachlässen. Freeports größte Shoppingattraktion: *L. L. Bean,* die amerikanische Outdoorinstitution *(tgl. 24 Std. | Main und Bow Sts. | www.llbean.com).* Eine dreiviertel Stunde später erreichen Sie über *Bath* den *Popham Beach State Park* mit fotogenen, bei Ebbe begehbaren Klippen und mehreren Kilometern besten Sandstrand.

STOWE

[124 C3] Im Herzen der Green Mountains liegend, ist Stowe (4300 Ew.) der Vier-Jahreszeiten-Spielplatz von Neuengland. Wandern, Biking und Mountainbiking sind hier im Sommer, Skilaufen im Winter beliebt. Auf der gebührenpflichtigen *Mount Mansfield Auto Road* können Sie den 1339 m hohen Hausberg von Stowe auch per Auto „erklimmen" *(Ende Mai–Okt. tgl. 10–16 Uhr | 21 $ pro Auto).*

Eine weitläufige Übernachtungsmöglichkeit mit umfangreichem Fitnessangebot ist *Stowehof Inn & Resort (44 Zi. | 434 Edson Hill Rd. | Tel. 802/253-97 22 | www.stowehofinn.com | €€–€€€).* Alpenländisch-Deftiges erhalten Sie in der *Trapp Family Lodge,* der aus der Fernsehserie bekannten Trapp-Familie *(93 Zi. | 42 Trapp Hill | Tel. 802/253-85 11 | www.trappfamily.com | €€€).*

Auskunft: *Stowe Area Association | 51 Main St. | Tel. 802/253-73 21 | www.gostowe.com*

ZIELE IN DER UMGEBUNG

MONTPELIER/BURLINGTON [124 C3]

Im Umkreis einer Autostunde liegen hübsche Städtchen: *Montpelier* (8200 Ew.), die kleinste Hauptstadt der USA, lockt mit überraschend weltoffener Atmosphäre und einem imposanten *State Capitol* mit vergoldeter Kuppel. ▶▶ *Burlington* (40 000 Ew.) am Ufer des Lake Champlains besitzt ein fußgängerfreundliches Zentrum, in dem sich auch internationale Trendmarken niedergelassen haben. Das gute *Shelburne Museum* am Südrand der Stadt enthält zahllose Raritäten, darunter einen Raddampfer und eine berühmte Rembrandt-Sammlung *(Mai–Okt. tgl. 10 bis 17 Uhr | Eintritt 18 $ | Rte. 7 | www.shelburnemuseum.org).*

State Capitol – in edler Architektur residieren die Abgeordneten von Montpelier

> REGION DER KONTRASTE

Zwischen New York und Washington demonstriert Amerika vielseitige Lebensqualität und Traditionsbewusstsein

> Weißes Haus, Pentagon, Empire State Building: amerikanische Symbole, weltweit bekannt. Die Bundeshauptstadt Washington ist das Herz, New York der Schrittmacher der Nation. Die übrigen Staaten New Jersey (NJ), Pennsylvania (PA) und Maryland (MD) blühen da ein wenig im Verborgenen, doch sie bestechen durch Vielfalt auf engstem Raum. Während ein Niesen von Wall Street die halbe Welt in Aufregung versetzt – die zuletzt von der US-Immobilienkrise ausgelöste Finanzkrise gleicht eher einem Schlaganfall – leben die Amischen in Pennsylvania ohne Elektrizität. Atlantic City hat langbeinige Showgirls, der Shenandoah Nat. Park wilde Schwarzbären und Maryland hübsche Dörfer, in denen man gern den Lebensabend verbringen würde.

Weitere Infos über diese Region finden Sie in den MARCO POLOs „New York" und „Washington D.C".

Bild: New York aus der Vogelperspektive

MITTLERE ATLANTIK STAATEN

ANNAPOLIS

[129 E1] **An der Chesapeake Bay liegt die 1649 gegründete Hauptstadt Marylands (36 200 Ew.) mit einer fotogenen Altstadt aus 1500 historischen Häusern und einem hübschen kleinen Hafen.** Wenn Sie hier nicht nur bummeln wollen, können Sie an einer Tour durch die *US Naval Academy* teilnehmen *(tgl. 9–17 Uhr | Eintritt 8,50 $ | Beginn am Armel-Leftwich Visitor Center, Gate 1 | 52 King George St.).* Neben dem Marinemuseum ist der mittägliche Appell der uniformierten Kadetten sehenswert. Und über Marylands Geschichte der Rassentrennung können Sie sich im *Banneker-Douglass Museum* (Insider Tipp) *(Di–Sa 10–16 Uhr | Eintritt frei | 84 Franklin St. | www.bdmuseum.com)* informieren.

Auskunft: *Annapolis Visitors Bureau | 26 W St. | Tel. 410/280-04 45 | www.visit-annapolis.org*

ATLANTIC CITY

[129 F1] **Die Freigabe des Glücksspiels in Amerika rettete 1976 das siechende Strandbad vor den Toren New Yorks.** Seitdem gilt Atlantic City (42 000 Ew.) als „Las Vegas des Ostens“: Riesige Themenhotels beherbergen Kasinos, Konzerthallen und Restaurants. Hier wird „Miss America“ gewählt, verhauen sich Boxchampions. Die meisten Resorts liegen am *Boardwalk*. Sehenswert an dieser bereits 1870 gebauten Strandpromenade sind vor allem das *Caesars Atlantic City (www.harrahs.com)*, ein 1500-Zimmer-Mega-Entertainmentpalast mit Bühnen für Popkonzerte und Kasinos, Restaurants und Nachtclubs. Unweit davon erheben sich der pseudo-orientalische Palast *Trump Taj Mahal (www.trumptaj.com)*, seit kurzem überragt vom nagelneuen *Chairman Tower*. Auch hier gilt: Richtig schön ist nur, was alles andere in den Schatten stellt.

Auskunft: *Atlantic City Convention & Visitors Authority | 2314 Pacific Av. | Tel. 609/348-71 00 | www.atlanticcitynj.com*

In Themenhotels wie dem Taj Mahal wird in Atlantic City die Nacht zum Tag

BALTIMORE

[129 E1] **Lange galt die Arbeiterstadt (638 000 Ew.) am Ende der Chesapeake Bay als nicht vorzeigbar, erst seit den 1970er-Jahren erlebt die Stadt eine Renaissance.** Ihr rauer Charme indes ist geblieben. Die Sehenswürdigkeiten konzentrieren sich rund um den restaurierten *Inner Harbor.* ▶▶ *Fells Point* mit seinen Musikkneipen gilt als das Gravitationszentrum der Nachtschwärmer. Beliebt ist auch das *Power Plant Live,* im Inner Harbor *(34 Market Place).*

SEHENSWERTES

B & O RAILROAD MUSEUM

Alte Lokomotiven und ein kompletter Bahnhof von 1830 vermitteln Eisenbahngeschichte. *Mo–Sa 10–16, So 11–16 Uhr | Eintritt 14 $ | 901 W Pratt St. | www.borail.org*

ESSEN & TRINKEN

BERTHA'S

Urig in Fells Point. Muschelrezepte sind die Spezialität. *734 S Broadway | Tel. 410/327-57 95 | €*

CHIAPPARELLI'S

Süditalienische Küche mit Gerichten wie *shrimp parmigiana. 237 S High St. | Tel. 410/837-03 09 | €€*

ÜBERNACHTEN

ADMIRAL FELL INN

Stilvoll schlafen in historischem Ambiente. *80 Zi. | 888 S Broadway | Tel. 410/522-73 80 | www.admiralfell.com | €€€*

HOLIDAY INN EXPRESS AT THE STADIUMS

120 saubere Standardzimmer nahe Inner Harbor. *1701 Russel St. | Tel. 410/727-34 00 | Fax 547-05 86 | €–€€*

AUSKUNFT

BALTIMORE AREA VISITOR CENTER

100 Light St. | Tel. 410/659-73 00 | www.baltimore.org

NEW YORK CITY

KARTE IN DER HINTEREN UMSCHLAGKLAPPE

★ **[124 C6] Ein Leben würde nicht ausreichen, alle Winkel dieser 8-Millionen-Metropole mit ihrer beispiellosen Konzentration von Kreativität, Ehrgeiz und Optimismus zu erkunden.** Die Stadt am Hudson River begann 1624 als holländische Siedlung Neu-Amsterdam auf Land, das den Manhattan-Indianern für nur 24 $ abgekauft wurde. Seither wuchs New York ununterbrochen. Ab 1664 britisch und schon 1820 mit 150 000 Einwohnern die größte Stadt der USA, wurde sie im 19. und 20. Jh. von europäischen Immigranten überschwemmt. 1913 überschritt man die 5-Mio.-Grenze, wenig später begann die Wolkenkraterära. Vieles hat New York seitdem

MARCO POLO HIGHLIGHTS

★ **New York City**
Die „City that never sleeps" – die lebendige Metropole ist eine Welt für sich (Seite 47)

★ **Independence National Historic Park**
Die denkmalgeschützte Altstadt Philadelphias (Seite 50)

★ **Pennsylvania Dutch Country**
Die friedvolle Heimat der Amischen (Seite 52)

★ **National Mall**
Washingtons Champs-Élysées ist Amerikas Fenster zur Welt (Seite 54)

überstanden: Depression, Börsencrashs, Stromausfälle, Bankrotterklärungen, Rassenkrawalle. Der auf den 11. Sept. 2001 folgenden Tourismuskrise begegnete man mit Dutzenden neuer Hotels für Besucher, die nun *Manhattan*, jene zungenförmige Halbinsel mit New Yorks meisten Sehenswürdigkeiten, neu entdecken.

viertel ist mit chinesischen Werbetafeln, Marktständen und Restaurants nur so gespickt. Hier haben die rund 1500000 Nachfahren der in Kalifornien beim Bau der Eisenbahn eingesetzten Kulis die größte chinesische Ansiedlung der USA geschaffen – ein quirliges Fragment des Fernen Ostens. *www.chinatownonline.com*

Im Central Park von New York City ist für jede Art von Freizeitaktivität viel Platz

SEHENSWERTES

CENTRAL PARK

Manhattans 1870 eröffneter, 3,4 km² großer Stadtpark ist noch immer der größte der Welt und New Yorks Naherholungsgebiet. *Zwischen 59th, 110th Sts. und Fifth Av.*

CHINATOWN

Das zwischen Houston, Canal und Lafayette Streets liegende Chinesen-

FIFTH AVENUE

Die längs durch Midtown verlaufende Verkehrsader ist bekannt für ihre Juweliere und Wolkenkratzer. Berühmtester *skyscraper* ist das 1931 vollendete *Empire State Building* mit einem unvergesslichen Rundumblick von der Aussichtsterrasse im 86. Stock *(tgl. 8–2 Uhr | Eintritt 19 $ | 350 Fifth Av. | www.esbnyc.com)*.

GREENWICH VILLAGE ▶▶
„The Village" westlich vom Broadway, erst eigenständige Gemeinde, dann Künstlerviertel, ist dank seiner Kleinstadtatmosphäre einer der heißesten Immobilienmärkte der Stadt und pflegt mit zahllosen Bars, Bistros und Straßenkünstlern fleißig sein Image als Intellektuellenbohème.

LIBERTY ISLAND/ELLIS ISLAND
Auf *Liberty Island* empfängt seit 1886 die *Statue of Liberty* alle per Schiff anreisenden Besucher: 225 t schwer und 93 m hoch, war sie ein Geschenk Frankreichs zum hundertjährigen Bestehen der USA. Obwohl die Fackel seit Sept. 2001 für Besucher gesperrt ist, haben Sie herrliche Blicke vom *Observatory* zu Füßen der Statue. *www.nps.gov/stli*

Ellis Island war 1892–1954 Amerikas Nadelöhr für rund 12 Mio. Einwanderer. Gut dokumentiert wird dies im restaurierten Gebäudekomplex mit dem *Ellis Island Immigration Museum. Fähren vom Battery Park am Südzipfel Manhattans tgl. 9–18 Uhr | Ticket (inkl. Museum) 12 $ | www.ellisisland.com*

METROPOLITAN MUSEUM OF ART
Das größte Kunstmuseum der Welt mit über drei Mio. Exponaten – von den Kulturen der Antike bis zu den Postimpressionisten. *Fr/Sa 9.30–21, Di–Do, So 9.30–17.30 Uhr | Eintritt 20 $ | 1000 Fifth Av./82nd St., Uptown | www.metmuseum.org*

MUSEUM OF MODERN ART
Hier nur MoMA genannt und eines der besten Museen moderner Kunst überhaupt. Nach einer spektakulären Erweiterung präsentiert sich das MoMA seit 2004 mit einer doppelt so großen Ausstellungsfläche. *Sa–Mo 10.30–17.30, Mi/Do 10.30–17.30, Fr 10.30–20 Uhr | Eintritt 20 $ | 11 W 53rd St. | www.moma.org*

SOLOMON R. GUGGENHEIM MUSEUM
Ebenso sehenswert wie die aus 6000 Werken der klassischen Moderne bestehende Kunstsammlung ist die von Stararchitekt Frank Lloyd Wright geschaffene Architektur des Museums mit ihrer weltberühmten spiralenförmigen Rampe. *Sa–Mi 10–17.45, Fr 10–20 Uhr | Eintritt 18 $ | 1071 Fifth Av., Uptown | www.guggenheim.org*

> 11.9.2001 – IN MEMORIAM

Politisches Gerangel verzögert den Neubau

Jährlich zieht es 3,6 Mio. Schaulustige zum *Ground Zero*, wo bis zum 11. September 2001 das *World Trade Center* gestanden hatte – doppelt so viele wie einst die Beobachtungsplattform im 107. Stock verzeichnete. Der Nachfolgebau, *Freedom Tower*, soll mit symbolischen 1776 Fuß (539 m) Höhe eines der höchsten Gebäude der Welt werden. 2006 begannen die Bauarbeiten, doch noch ist außer einer riesigen Grube nur wenig zu sehen. Schuld an den Verzögerungen, weiß die New Yorker Presse, tragen die Politiker. Doch das kann sich schnell ändern. Bis dahin kann man sich *Ground Zero* von der Church Street aus durch Fenster im Bauzaun ansehen.

ESSEN & TRINKEN

HATSUHANA

Wunderbares japanisches Restaurant. Die Köche machen die Sushibar zur Kleinkunstbühne. *17 E 48th St., Midtown | Tel. 212/355-33 45 | €€*

KATZ'S DELICATESSEN ▶▶

Seit 1888 die Institution für Rauchfleisch, Kulisse für den Kinohit „Harry und Sally", Treffpunkt der alten New Yorker. *205 E Houston St., Lower East Side | Tel. 212/254-22 46 | €€*

AM ABEND

Das Künstlerviertel *Greenwich Village* lockt mit zahllosen Cafés und Galerien. Das lebhaftere *Soho* besitzt urige Bars und Restaurants.

> LOW BUDGET

- Ortskundige New Yorker als Stadtführer zum Nulltarif vermittelt *Big Apple Greeter (www.bigapplegreeter.com)*. Vier Wochen im Voraus buchen!
- Der nahe am Times Square in New York liegende *Bryant Park* ist nicht nur eine erholsame Oase, sondern bietet auch kostenlose Entertainments, von Gratiskonzerten der New Yorker Philharmoniker über *Pétanque*-Kurse (eine Boule-Sportart) bis zum Kinofestival im Sommer. Zudem ist der gesamte Platz *wireless (www.bryantpark.org)*.
- Die Hotelpreise in Washington D.C. werden vor allem von Geschäftsleuten bestimmt – selbst am Wochenende finden hier Kongresse statt. Sonntagabends aber sind viele Zimmer leer und werden zu niedrigeren Preisen angeboten.

ÜBERNACHTEN

Bei der Suche nach der passenden Unterkunft hilft *City Lights Bed & Breakfast (Tel. 212/737-70 49 | www.citylightsnewyork.com)*.

AMERICANA INN

Viel Zimmer für wenig Geld, sauber und nahe Times Square. *50 Zi. | 69 W 38th St., Midtown | Tel. 212/840-67 00 | www.newyorkhotel.com | €–€€*

WASHINGTON SQUARE HOTEL

Schönes altes Stadthotel mitten in Greenwich Village. *170 Zi. | 103 Waverly Place, Greenwich Village | Tel. 212/777-95 15 | www.wshotel.com | €€*

AUSKUNFT

NEW YORK CONVENTION & VISITORS BUREAU

810 Seventh Av., Downtown | Tel. 212/484-12 00 | www.nycvisit.com

PHILADELPHIA

[129 F1] **Für Amerikaner ist „Philly" (1,5 Mio. Ew.) der Heilige Gral ihrer Demokratie: Hier erklärten sie ihre Unabhängigkeit, hier saß vorübergehend die Bundesregierung.** Als tolerante „City of Brotherly Love" 1682 von Quäkerführer William Penn gegründet, steht sie für die amerikanischen Ideale von Freiheit und Gleichheit wie keine andere. Dank erfolgreicher Sanierungsprogramme ist die Hafen- und Industriestadt attraktiv geblieben.

SEHENSWERTES

INDEPENDENCE NATIONAL HISTORIC PARK ★

Die denkmalgeschützte Ansammlung von rund 20 Gebäuden repräsentiert für die Geschichte der USA bedeutsame Orte: In der *Independence Hall* beriet der Zweite Kontinentalkongress 1775 Maßnahmen gegen die britischen Steuern und verkündete Thomas Jefferson am 4. Juli 1776 die Unabhängigkeit *(tgl. 9–17 Uhr | Führungen alle 15 Min. | Eintritt frei | Chestnut St. | www.nps.gov/inde)*. Der gläserne *Liberty Bell Pavillion* enthält die einst in der Independence Hall hängende Freiheitsglocke *(tgl. 9–20 Uhr | Eintritt frei | Chestnut St.)*. *Franklin Court* ist der Nachbau des Hauses von Benjamin Franklin *(tgl. 9–17 Uhr | Eintritt frei | Chestnut St.)*. Die vor 1700 angelegte *Elfreth's Alley* zwischen 2nd und Front Sts. ist Amerikas älteste Wohnstraße.

Insider Tipp

PHILADELPHIA MUSEUM OF ART

Amerikas drittgrößtes Kunstmuseum enthält 400 000 Werke aus aller Welt, darunter beeindruckende Amischen- und Shakersammlungen. *Di–So 10 bis 17 Uhr | Eintritt 14 $ | 26th St. und Ben Franklin Parkway | www.philamuseum.org*

ESSEN & TRINKEN

CITY TAVERN

Amerikanische Gerichte des 18. Jhs. raffiniert verfeinert. *138 S 2nd St. | Tel. 215/413-14 43 | €€–€€€*

READING TERMINAL MARKET

Amerikas größter Markt hat sogar einen Biergarten. *12th und Arch Sts. | €*

EINKAUFEN

Stilvoll shoppen und genießen können Sie in den viktorianischen Hallen *Bourse Food Court and Specialty Shops (111 S Independence Mall)*. Schrilles erhalten Sie in 60 Spezialgeschäften von *The Shops at Liberty Place (16th und Chestnut Sts.)*.

Im Independence Nat. Historic Park von Philadelphia bleibt die Geschichte lebendig

AM ABEND

Weltberühmt: das *Philadelphia Orchestra (Kimmel Center | Broad und Spruce Sts. | Tel. 215/893-19 99)*. Eine beliebte Kneipe mit Lokalkolorit ist das ▶▶ *Standard Tap (901 N*

Insider Tipp

2nd St.) und einer der besten Jazzschuppen das *Ortlieb's Jazzhaus (jeden Di Jam Session | 847 N 3rd St.).*

ÜBERNACHTEN

Insider Tipp

ALEXANDER INN
Peppiges (Boutique-)Hotel für wenig Geld im Zentrum. *48 Zi. | 12th und Spruce Sts. | Tel. 215/923-35 35 | www.alexanderinn.com* | €€

PENN'S VIEW HOTEL
Intimes Stadthotel in der Altstadt, 12 Zimmer mit Whirlpool. *52 Zi. | Front und Market Sts. | Tel. 215/922-76 00 | www.pennsviewhotel.com* | €€–€€€

AUSKUNFT

PHILADELPHIA CONVENTION & VISITORS BUREAU
1700 Market St., Suite 3000, PA 19103 | Tel. 215/636-33 00 | www.philadelphiausa.travel

ZIELE IN DER UMGEBUNG

GETTYSBURG [129 D–E1]
1863 leitete die Schlacht von Gettysburg im Bürgerkrieg die Wende zugunsten des Nordens ein. Heute ist die Gegend rund um das Unistädtchen (7500 Ew.) 200 km westlich von Philadelphia zum *Gettysburg Nat. Military Park* zusammengefasst *(Touren tgl. 6–22 Uhr | Eintritt frei | 97 Taneytown Rd. | www.nps.gov/gett).*

PENNSYLVANIA DUTCH COUNTRY ★ [129 E1]
120 km westlich von Philadelphia fahren Pferdewagen statt Autos: Willkommen bei den Altmennoniten und Amischen! Die aus Deutschland und der Schweiz stammenden Glaubensgemeinschaften ließen sich im 18. Jh. hier nieder. Sie nutzen keine moderne Technik und parlieren ein Mix aus alten deutschen Dialekten und Englisch, das auf dem Central Market im Hauptort *Lancaster* (55000 Ew.) zu hören ist. Ihre Farmen liegen in friedvoller Landschaft, ein besonders schöner Ort ist *Bird-in-Hand* (300 Ew.) mit seinem *Farmer's Market (Mi–Sa 8.30–17.30 Uhr)*. Insider Tipp *Mennonite Information Center | 2209 Millstream Rd., Lancaster | Tel. 717/299-09 54 | www.mennoniteinfoctr.com*

WASHINGTON D.C.

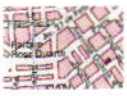

KARTE IN DER HINTEREN UMSCHLAGKLAPPE

[129 E1] **Auf den ersten Blick ist die beispiellose Machtanhäufung in der Bundes-**

hauptstadt (600 000 Ew.) nicht zu erkennen. Kaum ein Gebäude ragt über die Baumgrenze, Parkanlagen und marmorner Neoklassizismus prägen das Bild. Gegründet wurde Washington 1790. Die Stelle an der Biegung des Potomac war ein Kompromiss zur Beruhigung der sich damals schon argwöhnisch belauernden Nord- und Südstaaten, die sie als *District of Columbia (D. C.)* für neutral erklärten. Seitdem ist Washington das Nervenzentrum des Landes.

SEHENSWERTES

CAPITOL HILL

Das US-Kapitol – seit der Grundsteinlegung durch George Washington 1793 mehrfach erweitert – beherbergt Senat und Repräsentantenhaus. Mit seiner weißen Kuppel, 60 m hoch und am Ostende der *National Mall* platziert, gilt es als Symbol der amerikanischen Demokratie. *Nur geführte Touren Mo–Sa 9–16.30 Uhr | Tel. 202/225-68 27*

DOWNTOWN

Zwischen *White House* und *Dupont Circle* liegen interessante Gebäude und Museen wie das im Juli 2006 nach umfangreicher Renovierung wiedereröffnete *Smithsonian American Art Museum (tgl. 11.30–19 Uhr | Eintritt frei | 8th und F Sts.)*. Vom 90 m hohen Glockenturm des neoromanischen *Old Post Office* – heute eine nette Mall – haben Sie einen guten Rundumblick *(tgl. 9–19.45 Uhr | 1100 Pennsylvania Av.)*. In *Ford's Theatre* erinnert ein kleines Museum an das Attentat auf Abraham Lincoln 1865 *(tgl. 9–17 Uhr | Eintritt frei | 511 10th St. NW | www.nps.gov/foth)*

Wo Macht und großartige klassizistische Architektur zusammentreffen: Capitol Hill

NATIONAL AIR AND SPACE MUSEUM

Ob Lindberghs Ryan-Maschine oder die Apollo-11-Kommandokapsel, das riesige Museum feiert die amerikanische Luft- und Raumfahrt. *Tgl. 10 bis 17.30 Uhr | Eintritt frei | Independence Av. und 6th St | www.nasm.si.edu*

NATIONAL GALLERY OF ART

Hervorragende Galerie mit großen Werken von Leonardo bis Picasso und zeitgenössischen Amerikanern. *Mo–Sa 10–17, So 11–18 Uhr | Eintritt frei | Constitution Av. und 4th St. NW | www.nga.gov.*

NATIONAL MALL ★

Die zwischen *Capitol Hill* und *Potomac River* gelegene Grünanlage wird gesäumt von Museen des renommierten *Smithsonian Institutes,* etlichen Denkmälern und Eisverkäufern. Hier fanden die Anti-Vietnam-Demos statt und hielt Martin Luther King seine „I have a dream"-Rede. Das 183 m hohe *Washington Monument* lohnt wegen seiner Aussichtsplattform *(tgl. 9–17 Uhr | Eintritt frei).* Das *Vietnam Veterans Memorial* gedenkt auf schwarzen Wänden der 58 000 in Vietnam gefallenen GIs. Vor dem *Lincoln Memorial* mit der 6 m hohen Statue Abraham Lincolns hielt die Bürgerrechtsbewegung ihre Kundgebungen ab.

NATIONAL MUSEUM OF THE AMERICAN INDIAN

Das rote Sandsteingebäude, 2004 eröffnet, beherbergt eines der besten Museen zur Geschichte und Kultur der amerikanischen Ureinwohner. *Tgl. 10–17.30 Uhr | 4th und Independence Av. SW | www.nmai.si.edu*

WHITE HOUSE

Die Residenz des US-Präsidenten, 1800 bezogen, erhielt seinen Namen nach dem Krieg von 1812, als die Brandschäden mit weißer Farbe übermalt wurden. Vor dem 11.9.2001 war die Besichtigung von acht der 132 Zimmer möglich. Derzeit dürfen nur Schulgruppen in die mit Antiquitäten und Gemälden ausgestatteten Räume. *White House Visitor Center | tgl. 7.30–16 Uhr | 1450 Pennsylvania Av. NW und 15th St. | www.whitehouse.gov/history/tours*

ESSEN & TRINKEN

LES HALLES

Erschwingliches französisches Restaurant mit Brasserieatmosphäre. *1201 Pennsylvania Av. NW, Downtown | Tel. 202/347-68 48 |* €€

OLD GLORY BARBECUE

Zünftiger Grill im schicken Georgetown, abends immer voll. *3139 M St. NW | Tel. 202/337-34 06 |* €–€€

THE WHITE TIGER

Guter Inder, schöne Terrasse. Probieren Sie *Reshmi Kabob,* mariniertes Huhn. *301 Massachusetts Av. NE, Capitol Hill | Tel. 202/546-59 00 |* €–€€

EINKAUFEN

Im multikulturellen *Adams-Morgan* warten schrille Boutiquen und Tätowierläden auf Sie. Die besten Malls und Antiquitätenladen finden Sie in *Georgetown.*

AM ABEND

Das Künstlerviertel *Dupont Circle* bietet Designerbars und Schwulenpinten, in ▶▶ *Adams-Morgan* herrscht

Multikulti, und im edlen *Georgetown* konzentrieren sich die Bars im Kreuzungsbereich M St./Wisconsin Av.

ÜBERNACHTEN

Washington DC Hotels bucht Zimmer in 70 Hotels mit Online-Preisnachlass. *Tel. 202/452-12 70 | www.washingtondchotels.com*

TABARD INN

Stilvoller Inn mit viktorianischem Ambiente. *40 Zi. | 1739 N St. NW, Dupont Circle | Tel. 202/785-12 77 | www.tabardinn.com | €€*

AUSKUNFT

DESTINATION DC

901 7th St. NW | 4th floor | Washington | DC 20001-3719 | Tel. 202/789-70 00 | www.washington.org

Über 600 Schwarzbären leben in den Blue Ridge Mountains des Shenandoah National Park

HAY-ADAMS HOTEL ▶▶

Traditionsreiches Nobelhotel, in Lobby und Bar begegnet man Künstlern und Politikern. *145 Zi. | 16th und H Sts. NW, Downtown | Tel. 202/638-60 00 | www.hayadams.com | €€€*

HOTEL LOMBARDY

Altmodisch und mit viel Charakter. *130 Zi. | 2019 Pennsylvania Av. NW, Georgetown | Tel. 202/828-26 00 | www.hotellombardy.com | €€–€€€*

ZIEL IN DER UMGEBUNG

SHENANDOAH NAT. PARK [129 D2]

Rund 120 km südwestlich von Washington liegen die *Blue Ridge Mountains,* Lebensraum von Bibern, Bären und Greifvögeln. Zu erkunden per Auto auf dem *Skyline Drive* oder zu Fuß auf vielen Trails. *3655 US Hwy. 211 E, Luray | www.nps.gov/shen*

> DIE VERANDA DER NATION

Der alte Süden ist zwar vom Winde verweht, doch das gute Leben ist hier noch immer wichtig

> Der schwere Duft der Magnolien reizt die Sinne, die Sprache klingt anders, das Tempo ist langsamer. *Southern Cuisine* und *Southern Hospitality* – immer wieder zu hörende Formeln für eine exzellente Küche und außergewöhnliche Gastfreundschaft – sind hier keine Floskeln.

Vieles aus Margaret Mitchells Klassiker „Vom Winde verweht" blieb erhalten. Doch die Bürgerrechtsbewegung hat die Gleichberechtigung der Schwarzen durchgekämpft, der lange proklamierte *New South* scheint Realität zu werden. Das hügelige Virginia (VA) bietet Historie wie kaum ein anderer Bundesstaat, aber deren alte Konföderiertenkapitale Richmond gibt sich zeitgemäß. Und während Charleston (SC) und Savannah (GA) zwei Südstaatensymbole schlechthin sind, betoniert Atlanta (GA) – Sitz von CNN und Coca-Cola – jede Erinnerung an das *Antebellum* zu. Und Mutter Natur? Mit den wildromanti-

Bild: Häuserzeile in Charleston

DER SÜDEN

schen Great Smoky Mountains und der herb-schönen Inselwelt der Outer Banks bietet sie gleich zwei herausragende Ziele für alle Outdoorfans.

Weitere Infos finden Sie auch im MARCO POLO „USA Südstaaten".

ATLANTA

[131 F3] **Margaret Mitchell setzte der Stadt (520 000 Ew.) ein literarisches, der Medienzar Ted Turner mit CNN ein multimediales Denkmal.** Atlanta, 1837 gegründet und zweimal fast völlig abgebrannt, ist die Hauptstadt Georgias und als Konzerncity – 20 Weltunternehmen haben hier ihren Sitz – die Boomtown des „Neuen Südens". Ihr Herz besteht aus Büro- und Hoteltürmen, ihre Adern sind chaotische High- und Freeways. Fast alle Sehenswürdigkeiten sind jüngeren Datums, doch Vorsicht: Ohne Mietwagen bzw. Taxi geht in Atlanta gar nichts. Der öffentliche Nahverkehr ist noch immer eine Katastrophe.

SEHENSWERTES

ATLANTA HISTORY CENTER

Indianer, Bürgerkrieg, Neuer Süden: Hier wird die dramatische Stadtgeschichte präsentiert. *Mo–Sa 10–17.30, So 12–17.30 Uhr | Eintritt 12 $ | 130 W Paces Ferry Rd. | www.atlhist.org*

CNN CENTER

Die weltweite Kabelgesellschaft CNN kann auf einer 50-minütigen Studiotour besichtigt werden. *Tgl. 9–17 Uhr | Eintritt 12 $ | Marietta St./Techwood Dr. | www.cnn.com/studiotour*

Insider Tipp

EBENEZER BAPTIST CHURCH ▸▸

Seit der Bürgerrechtsbewegung spirituelles Zentrum und Szenetreff des schwarzen Atlanta. Gospelmessen. *Mo–Sa 9–17, So 14–16 Uhr | Messe So 7.45 und 11 Uhr | 407–413 Auburn Av.*

GEORGIA AQUARIUM ★

Das im November 2005 eröffnete Aquarium ist mit insgesamt 30 Mio. l Süß- und Salzwasser fassenden Tanks, in denen sich 500 Fischarten tummeln, das größte Aquarium der Welt. *So–Fr 10–17, Sa 9–18 Uhr | Eintritt 26 $ | 225 Baker St. | www.georgiaaquarium.org*

Bis zu 220 m ragen die Wolkenkratzer des Peachtree Center in den Himmel

HIGH MUSEUM OF ART

Menschliches Kunstschaffen auf höchstem Niveau – von afrikanischer bis zeitgenössischer amerikanischer Kunst. *Di/Mi 10–17, Do 10–20,*

Fr/Sa 10–17, So 12–17 Uhr | Eintritt 18 $ | 1280 Peachtree St. NE

JIMMY CARTER LIBRARY & MUSEUM

Ein dem aus Georgia stammenden Expräsidenten und Nobelpreisträger gewidmetes Museum. *Mo–Sa 9 bis 16.45, So 12–16.45 Uhr | Eintritt 8 $ | 441 Freedom Parkway | www.jimmycarterlibrary.org*

MARGARET MITCHELL HOUSE

Ein bescheidenes Museum für eine große Autorin. *Tgl. Führungen 9.30 bis 17 Uhr | Eintritt 12 $ | 990 Peachtree St. | www.gwtw.org*

MARTIN LUTHER KING JR. NAT. HISTORIC SITE

Alles über die Bürgerrechtsbewegung und ihren spirituellen Kopf. *Tgl. 9–17 Uhr | Eintritt frei | 450 Auburn Av. | www.nps.gov/malu*

WORLD OF COCA-COLA

Interessantes und Triviales über die berühmteste Limo der Welt im 2007 eröffneten Mega-Pavillon gleich neben dem Georgia Aquarium. *Tgl. 9 bis 17 Uhr | Eintritt 15 $ | 121 Baker St. NW | www.worldofcoca-cola.com*

ESSEN & TRINKEN

BEAUTIFUL RESTAURANT

Insider Tipp

Achtung: Der Name bezieht sich nur auf die Karte! Gediegenes Soul Food. *2260 Cascade Rd. SW | Tel. 404/752-59 31 | €–€€*

BUCKHEAD DINER ▶▶

Sehen und gesehen werden: Hier genießt Atlantas Hautevolee kreative Cuisine in elegantem Ambiente. *3073 Piedmont Rd. | Tel. 404/262-33 36 | €€*

TROIS

Brasserie-Menu mit erfrischend einfach zubereiteten Gerichten. *1180 Peachtree St. | Tel. 404/815-33 37 | €€*

EINKAUFEN

Lenox Square (3393 Peachtree Rd.) zählt mit über 300 Geschäften zu den größten Malls des Landes. In dem eleganten *Phipps Plaza (3500 Peachtree Rd.)* gleich daneben shoppt die Upperclass Atlantas.

AM ABEND

In den Stadtvierteln *Little Five Points, Buckhead* und *Virginia Highlands* brummt das Nachtleben. Paar-

MARCO POLO HIGHLIGHTS

★ **Georgia Aquarium**
Grandiose Unterwasserwelt in 30 Mio. l Wasser (Seite 58)

★ **Charleston**
Südstaatencharme in gut erhaltener Altstadt (Seite 60)

★ **Outer Banks**
Strand ohne Ende (Seite 64)

★ **Great Smoky Mountains Nat. Park**
Entlegene Täler, blauer Dunst und herrliche Aussichten (Seite 63)

★ **Savannah**
Die sinnliche „Southern Belle“ mit alten Eichen und idyllischen Plätzen (Seite 67)

tanz zu Bigbandrhythmen, oft auch Livemusik gibt es im *Johnny's Hideaway (3771 Rosewell Rd., Buckhead)*. Treff der Schönen und Reichen ist das von weiteren Nachtclubs umgebene ▶▶ *Tongue & Groove (2420 Piedmont Rd., Lindbergh City Center)*. Was wann und wo läuft, steht in der Stadtzeitung „Creative Loafing" *(www.creativeloafing.com)*.

ÜBERNACHTEN

MARRIOTT MARQUIS

Nobelhotel mit futuristischem Atrium und raketenähnlichen Aufzügen. *1675 Zi. | 265 Peachtree Center Av. | Tel. 404/521-00 00 | www.marriott.com* | €€–€€€

MOTEL 6 WEST

Einfache Unterkunft, aber sauber: 25 Autominuten zur City. *175 Zi. | 4100 Wendell Dr. SW | Tel. 404/696-07 57* | €

Insider Tipp GLENN HOTEL

Edles Boutiquehotel mit Restaurant und Bar. In Fußnähe zu CNN, Aquarium und Coca-Cola. *93 Zi., 16 Suiten | 110 Marietta St. NW | Tel. 404/521-22 50 | www.glennhotel.com* | €€€

AUSKUNFT

ATLANTA CONVENTION & VISITORS BUREAU

233 Peachtree St. NE, Atlanta, GA 30303 | Tel. 404/521-66 00 | www.atlanta.net

CHARLESTON

★ [128 C6] Charleston (119 000 Ew.), 1670 gegründet und um 1750 wichtigster Hafen südlich von Philadelphia, versprüht noch immer puren Südstaatencharme. Ein florierender Sklavenmarkt und die umliegenden Reis- und Baumwollplantagen schufen die Basis für eine Pflanzeraristokratie, die eine gut erhaltene Altstadt und eine an Bällen, Belagerungen und Aufständen reiche Stadtgeschichte hinterließ. Die Talfahrt nach dem Bürgerkrieg wurde erst vom Tourismus aufgehalten. Guter Ausgangspunkt für Touren zu den Plantagen des Lowcountry.

SEHENSWERTES

CHARLESTON MUSEUM

Informatives zur Geschichte und zum Alltag im Lowcountry. *Mo–Sa 9–17, So 13–17 Uhr | Eintritt 10 $ | 360 Meeting St. | www.charlestonmuseum.org*

> AFRICAN CONNECTION

Bei den Gullah im Lowcountry

Im Lowcountry zwischen Charleston und Savannah sind die *Gullah* anzutreffen, deren ganz eigene Sprache auf dem elisabethanischen Englisch basiert, doch afrikanisch ausgesprochen wird. Die Vorfahren der heute noch 9000 Gullah schufteten auf den Plantagen der Beaufort vorgelagerten Inseln. Nach dem Bürgerkrieg wurden sie sich selbst überlassen und retteten damit ihre Sprache und Traditionen. Heute bedrohen Tourismus und Medien ihre kulturelle Sonderstellung. Infos im *Penn Center* auf St. Helena Island vor Beaufort *(Mo–Sa 11 bis 16 Uhr | Eintritt 5 $ | www.penncenter.com)*.

CHARLES TOWNE LANDING

Herrlicher Park an der Stelle der ersten Siedlung *Charles Towne* mit alten Eichen, einer unaufdringlichen Replik eines Kolonialdorfs, dem Nachbau eines Schiffs aus dem 17. Jh. und wilden Tieren im *Animal Forest*. *Tgl. 9–17 Uhr | Eintritt 5 $ | 1500 Old Towne Rd. | www.charlestowne.org*

Insider Tipp

DENMARK VESEY HOUSE

Ein kleines Haus als Symbol für die dramatische Geschichte vieler Sklavenaufstände im Süden: Hier lebte Denmark Vesey, ein freigelassener Sklave und Kopf des Aufstands von 1822, der in letzter Minute aufflog. Mit 34 anderen Verschwörern wurde Vesey öffentlich gehenkt. *Keine Innenbesichtigung | 56 Bull St.*

EDMONSTON-ALSTON HOUSE

1825 von dem Kaufmann Charles Edmonston im griechischen Stil erbautes Stadthaus mit zeitgenössischen Möbeln und Bibliothek. *Di–Sa 10–16.30, So/Mo 13.30–16.30 Uhr | Eintritt 10 $ | 21 E Battery*

FORT SUMTER NAT. MONUMENT

Am 12. April 1861 fielen hier die ersten Schüsse des Bürgerkriegs – dokumentiert auf dieser 1829 begonnenen Festung auf der Insel *Charleston City Marina*. *Führungen von Fort Sumter Tours tgl. 10–17.30 Uhr | Ticket 15 $ | Tel. 843/881-73 37 | 17 Lockwood Blvd. | www.nps.gov/fosu*

ESSEN & TRINKEN

HANK'S SEAFOOD RESTAURANT

Exotisch gewürzte Fischgerichte, klassische *Lowcountry Cuisine*. *10 Hayne St. | Tel. 843/723-34 74 | €€*

SLIGHTLY NORTH OF BROAD ▶▶

Hier isst das gesundheitsbewusste Charleston. Kreatives mit Wild, Seafood und organischem Gemüse. *192 E Bay St. | Tel. 843/723-34 24 | €€–€€€*

Die zahlreichen Häuser aus dem 19. Jh. tragen viel zum Charme von Charleston bei

AM ABEND

Bars und Musikkneipen finden Sie an den *Market* und *E Bay Sts.* Seit Jahren eine Bluesinstitution ist das *Cumberlands (26 Cumberland St.)*. Die schönsten Sonnenuntergänge der Stadt sind von der ✱ Dachbar im

The Library at Vendue Inn aus zu erleben *(23 Vendue Range).*

ÜBERNACHTEN

Charleston Reservations bucht Zimmer in B & B's, Motels und Hotels. *c/o The Signature Group | Tel. 843/873-02 60 | www.charlestonreservations.com*

KINGS COURTYARD INN

Schöner schlafen in der Altstadt. *41 Zi. | 198 King St. | Tel. 843/723-70 00 | www.kingscourtyardinn.com/kings-index.asp | €€–€€€*

HOLIDAY INN CHARLESTON HISTORIC DISTRICT

Eine günstige Alternative, ebenfalls zentral gelegen. *126 Zi. | 125 Calhoun St. | Tel. 843/805-79 00 | www.charlestonhotel.com | €–€€*

AUSKUNFT

CHARLESTON AREA CONVENTION & VISITORS BUREAU

423 King St. | Tel. 843/853-80 00 | www.charlestoncvb.coms

ZIEL IN DER UMGEBUNG

MYRTLE BEACH [129 D5]

100 km nordöstlich von Charleston haben Sandstrände, warme Wassertemperaturen und amerikanischer Geschäftssinn den beliebten Badeort (23 000 Ew.) hervorgebracht. Die parallel zum Strand gebauten Hotels und Themenparks ziehen vor allem Familien an. *www.myrtlebeachinfo.com*

> BÜCHER & FILME

Gewinner, Verlierer und der lange, lange Weg

- **No Country for Old Men** – Blutiger Thriller von Cormac McCarthy (2005): Sheriff Bells erfolgloser Kampf gegen die Drogenmafia, 2007 von den Coen-Brüdern verfilmt.
- **Fight Club, Prügeln als Psychotherapie** – Ein Angestellter therapiert sein Unbehagen am Massenkonsum mit Hieben, geschrieben von Chuck Palahniuk, verfilmt 1999 mit Brad Pitt.
- **Gottes Werk und Teufels Beitrag** – Der junge Homer Wells wächst als Ziehsohn des Arztes Wilbur Larch im Waisenhaus St. Clouds auf. Literaturverfilmung von 1999 mit Tobey Maguire und Michael Caine.
- **Sex and the City** – Power Shopping und Bettgeschichten mit Carrie Bradshaw & Co. Kinofilm von 2008.
- **Rufmord – Jenseits der Moral** – Politthriller um eine Senatorin (Joan Allen), deren Nominierung zur Vizepräsidentin eine Schlammschlacht um ihre moralische Eignung auslöst (2000).
- **Der einzige Zeuge** – Detektiv John Book taucht mit einem 7-jährigen Amisch-Jungen in dessen Gemeinschaft in Pennsylvania unter. Film von 1985 mit Harrison Ford.
- **Mississippi Burning** – Zwei FBI-Agenten werden zur Aufklärung des Mordes an drei Bürgerrechtlern nach Mississippi geschickt. Film von 1988 mit Gene Hackman.
- **Picknick mit Bären** – Auf dem Appalachian Trail trifft der beliebte Reiseschriftsteller Bill Bryson wilde Tiere und skurrile Typen (1999).

Legendär sind die Nebelschwaden des Great Smoky Mountains National Park

GREAT SMOKY MOUNTAINS NAT. PARK

★ [128 A4] **Der je zur Hälfte in North Carolina und Tennessee liegende Nationalpark gehört zu den populärsten der USA, er schützt 2000 km² der von Georgia heraufziehenden Bergwelt der Appalachen.** Seinen Namen erhielt er aufgrund eines natürlichen Prozesses: Der auf die zu 90 Prozent bewaldeten Höhen fallende Regen vermischt sich mit den von der Vegetation produzierten Naturölen und entwickelt jenen blauen Dunst, den viele Countrysänger besungen haben. Zu der ungewöhnlich artenreichen Fauna des Parks – darunter 60 Säugetierarten – gehören auch die Schwarzbären. Sie sind zwar scheu, doch sollten Sie die Ratschläge der Ranger beachten und keine Lebensmittel achtlos herumliegen lassen. Hikern stehen über 1300 km markierte Wege zur Verfügung. Beliebte Ziele sind *Clingman's Dome* (2025 m) und *Mount Le Conte.* Genehmigungen *(permits)* für mehrtägige Hikes erhalten Sie kostenlos in den *Visitor Centers* in *Oconaluftee* und *Sugar Lands (am Hwy. 441).*

Stilecht überm offenem Feuer gegrillte Steaks, Ribs und riesige Salate erhalten Sie im *Bar-B-Q Wagon (610 Main St., Bryson City | Tel. 828/488-95 21 | €).* Eine historische, urgemütliche Wildnis-Lodge am Südrand des Parks ist *Fryemont Inn (41 Zi. | 245 Fryemont St., Bryson City | Tel. 828/488-21 59 | www.fryemontinn.com | €–€€);* einfach, aber sauber ist der *Carriage Inn* aus der goldenen Motelära mit Pool *(25 Zi. | 6280 Hwy. 19 N, Bryson City | Tel. 828/488-23 98 | www.carriageinn.bizland.com | €).*

AUSKUNFT

GREAT SMOKY MOUNTAINS NAT. PARK
107 Headquarters Rd. | Gatlinburg (TN) | Tel. 865/436-12 00 | www.nps.gov/grsm | Backcountry Info Tel. 865/436-12 97

OUTER BANKS

★ [129 E–F4] **Dünen und Sandstrände so weit das Auge reicht: 300 km lang, aber nur 1,5 km breit und von Virginia bis zum Cape Lookout reichend, ist diese Inselkette ein Strandparadies.** Badestrände, Hotels und Restaurants finden Sie vor allem im Norden. Vier der größten Inseln sind durch Brücken und Fähren miteinander verbunden. Im Süden bestimmen pittoreske Fischerhäfen und einsame Schutzgebiete das Bild.

SEHENSWERTES

CAPE HATTERAS NAT. SEASHORE

Das Schutzgebiet bewahrt die von über 400 Vogelarten bewohnten Feuchtgebiete der Outer Banks. Wahrzeichen des Parks ist das *Cape Hatteras Lighthouse,* der älteste aus Stein gebaute Leuchtturm der USA *(tgl. 9–18 Uhr)*. Info: *Cape Hatteras National Seashore | 1401 National Park Dr., Manteo | Tel. 252/473-21 11 | www.nps.gov/caha*

WRIGHT BROTHERS NAT. MEMORIAL

Der flimmernde Schwarzweißfilm von dem einige Meter weit hüpfenden Doppeldecker ist weltbekannt: Am 17. Dezember 1903 hob der von den Gebrüdern Wright gebaute Segler von einer Düne in den *Kill Devil Hills* zum ersten motorgetriebenen Flug der Geschichte ab. Ein interessantes *Visitor Center* dokumentiert die Geschichte der Luftpioniere . *Tgl. 9–18 Uhr | Eintritt 4 $ | Milepost 8 | Kill Devil Hills | Bodie Island | www.nps.gov/wrbr*

ESSEN & TRINKEN

ARGYLE'S RESTAURANT & PIANO BAR

Seafood, Steaks, Pasta, gute Weinkarte. *US-158, Milepost 2.5 | Kitty Hawk | Tel. 252/261-73 25* | €–€€

OWEN'S RESTAURANT

Klassische *Southern Cuisine* in gemütlichem alten Fischerhaus. *US-158 | Milepost 16.5, Nags Head | Tel. 252/441-73 09* | €

Strandhaus auf den Outer Banks – wo der Sandstrand kilometerlang ist und das Klima warm

ÜBERNACHTEN

DUKE OF DARE MOTOR LODGE

Schlicht, sauber, mit Pool. *46 Zi. | Hwy. 64, Manteo | Tel. 252/473-21 75 |* €

ISLAND INN

Historischer County Inn mit Hafenblick und Pool. Zimmer für jeden Geldbeutel, viele mit Antiquitäten. *34 Zi. | Hwy. 12 | Ocracoke | Tel. 252/928-43 51 | www.ocracokeislandinn.com |* €–€€

FREIZEIT & SPORT

Kayaking, Windsurfing, Segeln und Radfahren sind besonders im Norden die beliebtesten Aktivitäten. Zahlreiche Veranstalter organisieren geführte Touren oder vermieten die Ausrüstung. Nähere Infos im *Chamber of Commerce.*

AUSKUNFT

OUTER BANKS CHAMBER OF COMMERCE

101 Town Hall Dr. | Kill Devil Hills | Tel. 252/441-81 44 | www.outerbankschamber.com

RICHMOND

[129 D2] **Vier Jahre reichten, ihren Namen ins amerikanische Gedächtnis zu brennen: Richmond (200 000 Ew.), die Hauptstadt Virginias, war während des Bürgerkriegs auch die Hauptstadt der Konföderation, doch musste sie 1865 nach mehreren Belagerungen kapitulieren.** Heute signalisieren in der 1737 am Oberlauf des James River gegründeten Stadt mehrere Hochschulen, biotechnische Unternehmen und eine moderne Skyline eine dynamische Atmosphäre. Der alte Süden ist jedoch nicht ganz vergessen. Das historische, aus alten Stadthäusern und Regierungsgebäuden bestehende Zentrum *Court End* mit dem *Virginia State Capitol* und das alte Schwarzenviertel *Jackson Ward* zeugen noch immer vom *Antebellum* und dem Leben zu Zeiten der Segregation.

SEHENSWERTES

JACKSON WARD ▶▶ Insider Tipp

Um 1900 florierte in diesem Viertel, das damals *Little Africa* hieß, eine afroamerikanische Parallelgesellschaft, die Bürgerrechtler, Geschäftsleute und Musiker wie Duke Ellington hervorbrachte. Heute steht das nach alten Plänen restaurierte Viertel unter Schutz. Informativ das dortige *Black History Museum and Cultural Center of Virginia (Di–Sa 10–17 Uhr | Eintritt 5 $ | 00 Clay St. | Jackson Ward | www.blackhistorymuseum.org).*

VIRGINIA STATE CAPITOL

Durch den 1788 nach Plänen von Thomas Jefferson im neoklassizistischen Stil fertig gestellten Regierungssitz weht ein Hauch von Wehmut: Lebensgetreue Statuen amerikanischer Ikonen wie George Washington und Robert E. Lee erinnern an den Gegensatz zwischen Nord und Süd. *Tgl. 9–17 Uhr | stündlich Führungen | Eintritt frei | Capitol Square, Court End*

WHITE HOUSE AND MUSEUM OF THE CONFEDERACY

Die Residenz des Südstaatenpräsidenten Jefferson Davies und das Museum – beide liebevoll gepflegt – bieten eine lehrreiche Zeitreise in die dramatische Geschichte des Südens.

Mo–Sa 10–17, So 12–17 Uhr | Eintritt für beide 11 $ | 12th und Clay Sts. | Court End | www.moc.org

ESSEN & TRINKEN

ACACIA

Ideenreiche neue amerikanische Küche in alter Kirche. Besonders empfehlenswert: Filet Mignon mit Spinatsalat. *2601 W Carey St. | Tel. 804/354-60 60* | €–€€

EUROPEAN MARKET & CAFÉ ▶▶

Gourmettreff im eleganten Fan District. Bistrotheken mit Köstlichkeiten aus dem Mittelmeerraum. *2001-1/2 W Main St. | Tel. 804/355-51 82* | €–€€

EINKAUFEN

Bilder, Kunstgewerbe, Antiquitäten und ein an Wochenenden abgehaltener *Farmer's Market (17th St.):* Im historischen Viertel *Shockoe Bottom* mit netten Bars und Restaurants werden Sammler fündig *(zwischen 21st St., Broad St. und I-95).*

ÜBERNACHTEN

THE JEFFERSON HOTEL

Südstaatenromantik in schlossähnlicher Herberge mit Himmelbetten und vornehmer Lobby. Die Nr. 1 in Richmond. *264 Zi. | Franklin/Adams Sts. | Tel. 804/788-80 00 | www.jeffersonhotel.com* | €€€

LINDEN ROW INN

Insider Tipp

Schönes Stadthotel mit ruhigem Innenhof und gutem Restaurant. *70 Zi. | 100 E Franklin St. | Tel. 804/783-70 00 | www.lindenrowinn.com* | €€

AUSKUNFT

RICHMOND METROPOLITAN CONVENTION & VISITORS BUREAU

401 N 3rd St. | Richmond | Tel. 804/783-74 50 | www.visit.richmond.com

ZIELE IN DER UMGEBUNG

CHARLOTTESVILLE [129 D2]

Eine Autostunde nordwestlich von Richmond liegt zu Füßen der *Blue Ridge Mountains* dieses vornehme Universitätsstädtchen (40 300 Ew.). Hauptgrund für einen Abstecher hierher ist *Monticello*. Der georgianische Landsitz, der die Rückseite jeder 5-Cent-Münze ziert, gehörte dem Universalgenie und dritten US-Präsidenten Thomas Jefferson und ist jeder Zoll ein Spiegel seines genialen Schöpfers *(März–Okt. tgl. 8–17, sonst 9–16.30 Uhr | Eintritt 15 $ | auf I-64, Exit 121; auf Rte. 20 S, Schildern folgen | www.monticello.org).*

> LOW BUDGET

- Die günstigste und vielleicht freundlichste Bleibe in Charleston ist das *NotSo Hostel*, ein Gästehaus mit sauberen Schlafsälen, Doppelzimmern (25–60 $) und Radverleih. *156 Spring St., Charleston | Tel. 843/722-83 83*
- Great Smoky Mountains Nat. Park: 24 km vom Oconaluftee Visitor Center entfernt liegen in der Gemeinde Maggie Valley zahlreiche preiswerte Motels, z. B. das *Riverlet Motel (US-19 | Tel. 828/926-19 00 | www.riverlet.com)* mit Zimmerpreisen zwischen 50 und 75 $.
- Die astronomischen Übernachtungspreise in Atlanta werden mit Hotelcoupons etwas erträglicher – erhältlich in den *Welcome Centers* an Georgias Grenzen.

Unternehmen Sie eine Zeitreise zurück ins 18. Jh.: Colonial Williamsburg

COLONIAL WILLIAMSBURG [129 E3]
Eine Dreiviertelautostunde südöstlich von Richmond liegt das Städtchen *Williamsburg* (12 000 Ew.). 1632 gegründet, wurde es 1699 Hauptstadt der Kolonie Virginia und gesellschaftlicher Mittelpunkt der Pflanzeraristokratie. Als die Hauptstadt 1780 nach Richmond verlegt wurde, erlebte Williamsburg eine Talfahrt, bis John D. Rockefeller in den 1930er-Jahren die Umwandlung ganzer Stadtteile in Amerikas größtes Freilichtmuseum finanzierte.

Als *Colonial Williamsburg* zeigt es die alte Hauptstadt wie im Jahre 1775: Auf den Straßen promenieren kostümierte Bürger und Hausmädchen, aus den Tavernen dringt bierseliges Gegröle auf die Straße, und vor dem *Governor's Palace* von 1720 rottet sich täglich eine wütende Menge zusammen, die die Unabhängigkeit von England fordert. *Mo–Fr 9–17, Sa/So 8.30–18 Uhr | Tageskarte (Day Pass) 37 $, erhältlich im Colonial Williamsburg Visitor Center | zwischen Rte. 132 und Colonial Parkway, I-64, Exit 238 | www.history.org*

JAMESTOWN SETTLEMENT [129 E3]
Eine Stunde südöstlich von Richmond am Colonial Parkway richteten sich 1607 in der ältesten englischen Siedlung der USA 104 Siedler im Auftrag der *Londoner Virginia Company* häuslich ein. Seine „Wiedergeburt" erlebte Jamestown 1957 als rekonstruiertes *Settlement:* palisadenbewehrt und bewohnt wie 1607. Im Museum erfahren Sie die wahre Geschichte von John Smith und der Häuptlingstochter Pocahontas. *Tgl. 9–17 Uhr | Eintritt 13,50 $*

Unweit davon befinden sich auf *Jamestown Island* die Ruinen der Originalsiedlung, ein weiteres Museum dokumentiert die Grabungen *(tgl. 8.30–16.30 Uhr | Eintritt 6 $ | Colonial Parkway | www.apva.org).* Insider Tipp

SAVANNAH

[128 B6] ★ Moosbehangene Eichen und der Duft von Magnolien, das Plätschern von

Springbrunnen und schmiedeeiserne Balkongitter vor vornehm-verlebten Fassaden: herzlich willkommen in Savannah (128 000 Ew.). 1733 gegründet und bis zum Bürgerkrieg ein wichtiger Baumwollhafen, ist die Stadt die ewige Konkurrentin des rund anderthalb Autostunden entfernten Charleston. Sehenswert ist auch hier der herrliche, im Schachbrettmuster angelegte *Historic District* mit seinen 21 Plätzen und schönen Pflanzerhäusern. Dort befinden sich auch die besten Restaurants.

SEHENSWERTES

BONAVENTURE CEMETERY

Insider Tipp

Der von knorrigen Eichen und Azaleen bedeckte Friedhof im Osten der Stadt ist mit seinen bemoosten Statuen und Granitsteinen auch tagsüber schön unheimlich. *Tgl. 8–17 Uhr | 330 Bonaventure Rd.*

DAVENPORT HOUSE

Das 1820 von Isaiah Davenport im Herzen der Altstadt gebaute georgianische Haus gilt als eines der schönsten entlang der Küste. Interessante halbstündige Besichtigungstour. *Mo–Sa 10–16, So 13–16 Uhr | Eintritt 8 $ | E State/Habersham Sts.*

RALPH MARK GILBERT CIVIL RIGHTS MUSEUM

Insider Tipp

Das engagierte Museum zur Geschichte des schwarzen Bevölkerungsteils zeigt vor allem die Zeit der Rassentrennung und Bürgerrechtsbewegung in Savannah. *Mo–Sa 9–17 Uhr | Eintritt 4 $ | 460 Martin Luther King Jr. Blvd.*

> BLOGS & PODCASTS

Gute Tagebücher und Files im Internet

- *www.ashevillemusicscene.com* – Coole Website mit Infos, Kommentaren und Veranstaltungstipps zur aktuellen Musikszene von Asheville
- *www.creativeloafing.com* – Alternative Zeitung für die Tampa Bay Area, Atlanta, Charlotte, Sarasota, Chicago und Washington D.C. mit vielen Links u. a. zur Musik- und Kunstszene
- *www.itoursavannah.com* – Geführte Spaziergänge durch Savannah, mit vielen Tipps für Touren jenseits der Touristenpfade, als Blogs und Podcast
- *www.visitflorida.com* – Links zu regelmäßig aktualisierten Podcasts, u.a. über die neuesten Waterparks, das Kennedy Space Center und die Attraktionen in Orlando
- *www.backroadsofamericanmusic.com* – Das Neueste über Musik „off the beaten track" aus Memphis, aber auch aus dem Rest des Südens
- *www.boston.com/travel/explorene* – Reiseartikel, Blogs und Podcasts über Reiseziele, Hotels und Restaurants in Neuengland von der renommierten Tageszeitung Boston Globe
- *www.timeout.com/Chicago* – Chicago-Ausgabe der britischen Reiseserie Timeout. Ständig aktualisierter Stadtführer, Trends, Artikel

Für den Inhalt der Blogs & Podcasts übernimmt die MARCO POLO Redaktion keine Verantwortung.

SAVANNAH HISTORY MUSEUM
Gute Inszenierung der Plantagenwirtschaft und der oft dramatischen Stadtgeschichte. *Mo–Fr 8.30–17, Sa/So 9–17 Uhr | Eintritt 4,25 $ | 303 Martin Luther King Jr. Blvd.*

TELFAIR ART MUSEUM
Unerwartete Preziosen wie römische Plastiken und europäische Impressionisten in kleinem Kunstmuseum. *Mo 12–17, Di–Sa 10–17, So 13–17 Uhr | Eintritt 10 $ | 121 Barnard St. | www.telfair.org*

ESSEN & TRINKEN

Insider Tipp

ELIZABETH ON 37TH
Chefin Elizabeth Terry kombiniert Südstaatenrezepte des 18. Jhs. mit den Erkenntnissen einer gesundheitsbewussten Küche. *105 E 37th St. | Tel. 912/236-55 47* | €€€

IL PASTICCIO
Fällt aus der Rolle, trotzdem gut: urbanes Bistro, italienische Speisekarte, gute Weinkarte. *2 E Broughton St. | Tel. 912/231-88 88* | €€–€€€

AM ABEND
Das Revier für abendliche Kneipentouren liegt rund um den *City Market* und an der *Waterfront* des Savannah River. 1950er-Jahre-Jazz und Swing lässt sich in der Retro-Atmosphäre der ▶▶ *Mercury Lounge (126 W Congress St.)* genießen. Soul und Blues gibt es täglich live in der *Monkey Bar (8 E Broughton St.).*

ÜBERNACHTEN

FOLEY HOUSE INN
Schönes altes Südstaaten-B-&-B am Chippewa Square, einige Zimmer mit Whirlpool. *19 Zi. | 14 W Hull St. | Tel. 912/232-66 22 | www.foleyinn.com* | €€€

FORSYTH PARK INN
Eingebettet zwischen Magnolien und Azaleen am schönsten Platz Savannahs. *11 Zi. | 102 W Hall St. | Tel. 912/233-68 00 | www.forsythparkinn.com* | €€

Der lange Weg zur Gleichberechtigung, veranschaulicht im Civil Rights Museum

AUSKUNFT

SAVANNAH AREA CONVENTION & VISITORS BUREAU
101 E Bay St. | Tel. 912/644-64 01 | www.savcvb.com

> BEI DER MAUS IM SUNSHINE STATE

Karibische Sonne, weißer Strand und Spaß mit Disney, Pelikanen und Alligatoren

> *Sunshine State* Florida (FL) ist Ferienland. Die Zahl der Sonnentage pro Jahr rechtfertigt den Beinamen, und die weltberühmte *Mickey Mouse* lockt jährlich 34 Mio. Besucher allein nach Orlando. Die heiße, bis fast nach Kuba reichende Landzunge wurde 1513 von dem Seefahrer Juan Ponce de León angelaufen. Im 18. Jh. von Engländern und Franzosen umstritten, kam sie 1821 zu den USA. Danach verzögerten die Seminolenkriege die Erschließung, bis in den 1880er-Jahren die Eisenbahn erst Siedler, dann Touristen brachte. Allein 1945–60 wurden hier mehr Hotels gebaut als im Rest des Landes zusammen. Selbst die 2005 durch Südflorida gerasten Hurrikane Katrina und Wilma verdarben den Sonnenanbetern die Laune nur vorübergehend.

Dabei ist Florida mehr als nur Orlando! Miami steht für schwüles Nightlife vor Art-déco-Kulisse. In

Bild: Strand auf Key West

FLORIDA

den Everglades lassen sich Alligatoren beobachten und im Kennedy Space Center der Start einer Rakete. Und nicht zuletzt sind Floridas Strände legendär.

Weitere Infos zu Florida finden Sie auch im MARCO POLO „Florida".

KEY WEST

[132 C6] ★ **Ein Dickicht aus stark duftendem Ylang-Ylang, Jakaranda und Fächerpalmen, darin eingebettet pastellfarbene Holzhäuser mit Schaukelstühlen auf der Veranda: Key West (23 000 Ew.) ist der südlichste Ort Floridas und auch der karibischste.** Havanna liegt näher als Miami, und als Endpunkt der aus über tausend Eilanden bestehenden Inselkette der Florida Keys war der von Korallenriffen und grünem Meer umgebene Fischerort immer auch ein Treff für Künstler und Lebenskünstler. Hier herrscht der „Key Spirit", eine Leichtigkeit, die Sie einlullt, sobald Sie die geschäftige *Duval Street* verlassen. Die stillen Seitenstraßen bevölkern noch immer Hühner – ein Wunder angedenk der Touristenmassen, die jährlich über Key West herfallen und rund um den für spektakuläre Sonnenuntergänge berühmten ▶▶ *Mallory Square* Margaritas schlürfen.

SEHENSWERTES

ERNEST HEMINGWAY HOME AND MUSEUM

Hier verbrachte Key Wests berühmtester Bürger seine produktivste Zeit. In dem im spanischen Kolonialstil erbauten Haus schrieb Hemingway u. a. „Wem die Stunde schlägt". *Tgl. 9–17 Uhr | Führungen 12 $ | 907 Whitehead St. | www.hemingwayhome.com*

MEL FISHER MARITIME HERITAGE SOCIETY

Spannende Dokumentation der Hebung des spanischen Schatzschiffs *Nuestra Señora de Atocha. Mo–Fr 8.30–17, Sa/So 9.30–17 Uhr | Eintritt 12 $ | 200 Greene St. | melfisher.org*

Taucher finden vor Key West das einzige lebende Korallenriff Nordamerikas

PIRATE SOUL

Alles über Piraten, Freibeuter und Korsaren. Nichts für Zartbesaitete: der stockdustere Kerker, in dem man (per Kopfhörer) Zeuge eines Meuchelmords wird. *Tgl. 9–19 Uhr | Eintritt 13,95 $ | 524 Front St.*

ESSEN & TRINKEN

MANGOES

Steaks und Seafood, exzellente Saucen. Schöne Terrasse. *700 Duval St. | Tel. 305/292-46 06 | €*

PISCES ▶▶

Interessantes neues Seafood-Restaurant. Warhol an den Wänden, spannende Gerichte wie „Lobster Tango Mango" auf dem Teller. *1007 Simonton St. | Tel. 305/294-71 00 | €€*

AM ABEND

Im *Captain Tony's Saloon* trank Ernest Hemingway mit den Einheimischen um die Wette. Auch heute ist es hier noch urig *(428 Greene St.)*. Ein Kokosmattendach, eine umlaufende Theke und keine Wände, die den Blick auf den Yachthafen verstellen: *Schooner Wharf Bar (William St.)*.

ÜBERNACHTEN

Insider Tipp **AVALON B & B**

Schönes altes Conch-Haus am ruhigeren Südende der Insel. *12 Zi. | 1317 Duval St. | Tel. 305/294-82 32 | www.avalonbnb.com | €€*

CROWN PLAZA LA CONCHA

Schönes Hotel, in seinem Zwanzigerjahrelook belassen. Von der Dachbar herrlicher Blick auf Key West. *160 Zi. | 430 Duval St. | Tel. 305/296-29 91 | €€–€€€*

FREIZEIT & SPORT

Das Korallenmeer rund um Key West ist ein Dorado für Segler, Windsurfer, Taucher und Kayaker. Zahlreiche Veranstalter bieten an der Duval Street Segel- und Schnorcheltouren an. *Infos im Chamber of Commerce.*

AUSKUNFT

KEY WEST CHAMBER OF COMMERCE

402 Wall St. | Tel. 305/294-25 87 | www.keywestchamber.org

MIAMI/ MIAMI BEACH

[133 D5] **Miami – Stadt der Cocktails und Sonnenuntergänge. Im 16. Jh. von Spaniern besiedelt, aber erst 1896 durch die Eisenbahn auf die Landkarte gesetzt, ist Miami heute ein brodelnder Schmelztiegel von Menschen lateinamerikanischer, karibischer und europäischer Herkunft.** Quasi vor der Haustür Miamis (404 000 Ew.) liegt Kuba – ein Umstand, den über 100 000 Exilkubaner vor allem in *Little Havanna* belegen. Eindrucksvoll sind die Art-déco-Häuser von *Miami Beach* (87 000 Ew.), aber auch die Kreuzfahrtschiffe, die nachts zur glitzernden Skyline beitragen.

SEHENSWERTES

ART DÉCO HISTORIC DISTRICT ★ ▶▶

Der 1,6 km² große Bezirk im Süden von Miami Beach steht seit 1979 un-

MARCO POLO HIGHLIGHTS

★ **Key West**
Total entspannt an Floridas Tiefpunkt (Seite 71)

★ **Everglades**
Im Kielwasser von Alligatoren und Krokodilen (Seite 76)

★ **Art Déco Historic District**
Nostalgie und heiße Nächte in Miami (Seite 73)

★ **Walt Disney World**
Unvergessliche Tage mit der ganzen Familie (Seite 77)

ter Denkmalschutz. Seine mit stilisiertem Dekor, Flamingos und Palmen verzierten Häuser sind der Modefotografen liebste Kulisse. Schicke Restaurants und Clubs liegen an der *Washington Avenue.* Cafés mit Blick auf den palmengesäumten *Ocean Beach* finden Sie am *Ocean Drive,* dem Laufsteg der Schönen und Reichen. Täglich veranstaltet *Miami Design Preservation League* verschiedene Touren ab *Art Déco Welcome Center (1001 Ocean Dr. | Tel. 305/672-20 14).*

Insider Tipp

LITTLE HAVANNA

Die Hauptverkehrsader von Little Havanna – nach Castros Revolution Fluchtpunkt der kubanischen Ober- und Mittelschicht – bildet die von zahllosen Läden und Cafés gesäumte *Eighth Street* bzw. *Calle Ocho.* Kubanischen Alltag erleben Sie am besten im *Maximo Gomez Park (SW 15th Av.),* wo sich Einheimische beim Dominospiel über die Schulter schauen lassen.

> LOW BUDGET

- Günstig übernachten Sie in Miami Beach im *Tropics Hotel & Hostel (1550 Collins Av. | Tel. 305/531-03 61 | www.tropicshotel.com;* mit Pool*)* und im *Jazz on South Beach (321 Collins Av. | Tel. 305/672-2137 | www.jazzhostels.com).* Ein Bett im Schlafsaal kostet hier 20–35, das Doppelzimmer 50–100 $.
- Florida Keys: Am Südende der Islamorada erhält man in *Robbie's Marina (www.robbies.com)* für 4 $ einen Eimer mit Sardinen, die man an bis 1,5 m lange und bis zu 50 kg schwere, silbrige Tarpone verfüttern kann – und die dafür auch schon mal fast auf den Steg springen!
- Über die Homepage des Fremdenverkehrsamtes von Orlando *(www.orlandoinfo.com)* können Sie gratis den offizielle Führer der Stadt, den *Orlando Holiday Guide* beziehen.

MUSEUM OF CONTEMPORARY ART (MOCA)

Seit seiner Erweiterung 2005 bietet das berühmte MOCA internationale moderne wie klassische Kunst auf nunmehr doppelt so großer Ausstellungsfläche. *Di–Sa 11–17, So 12–17 Uhr | Eintritt 5 $ | 770 NE 125th St. | www.mocanomi.org*

Insider Tipp

VIZCAYA MUSEUM & GARDENS

Die 34 zu besichtigenden Räume der 70-Zimmer-Villa des Industriellen James Deering enthalten. Die 34 zu besichtigenden Räume enthalten seine Kunst- und Antiquitätensammlung. Mit herrlichen Gärten über der Biscayne Bay. *Tgl. 9.30–16.30 Uhr | Eintritt 12 $ | 3251 S Miami Av.*

ESSEN & TRINKEN

THE FORGE RESTAURANT

Insider Tipp

Beste Steaks, herrliches Seafood und 300 000 Flaschen im Weinkeller. *432 Godfrey Rd. (41st St.), Miami Beach | Tel. 305/538-85 33 |* €€€

GRILLFISH

Lebhaftes Fischrestaurant. Gut: gegrillter Schwertfisch. *1444 Collins Av., Miami Beach | Tel. 305/538-99 08 |* €€

VERSAILLES

Spiegelwände, Kronleuchter und gute kubanische Küche. *3555 SW 8th St. | Tel. 305/444-02 40 |* €

AM ABEND

South Beach lockt mit Nachtclubs, Bars und Diskotheken. Bis zum frühen Morgen getanzt wird in der Gartendisko *Bash (655 Washington Av.),* im *Crobar,* das in einem schönen alten Theater untergebracht ist *(1445 Washington Av.),* und im *Level,* der größten Disko Miamis *(1235 Washington Av.).* Fans lateinamerikanischer Rhythmen ziehen hingegen nach *Little Havanna,* so in den *Club Tipico Dominicano (1344 NW 36th St.)* und ins *El Palenque (981 SW 8th St.).*

ÜBERNACHTEN

AQUA HOTEL

Insider Tipp

Intimes Boutiquehotel mit Patina und hübschem Innenhof. Sonnenbaden auf der Dachterrasse. *45 Zi. | 1530 Collins Av., Miami Beach | Tel. 305/538-43 61 | www.aquamiami.com* | €

CARDOZO HOTEL

Mit Liebe zum Detail renoviertes Art-déco-Hotel. Besitzerin: Gloria Estefan. Toller Blick auf den Ocean Beach, vor allem von den Zimmern 202 und 305. *44 Zi. | 1300 Ocean Dr. | Tel. 305/535-65 00 | Fax 532-35 63* | €€–€€€

Insider Tipp

Pinkfarbene Autos und Häuser im Art-déco-Stil, das ist Miami Beach

ESSEX HOUSE

Pinkfarbenes Art-déco-Hotel mit Bullaugen und Arkade. 61 stilvolle, große Zimmer. *1001 Collins Av. | Miami Beach | Tel. 305/534-27 00 | www.essexhotel.com* | €€–€€€

AUSKUNFT

GREATER MIAMI CONVENTION & VISITORS BUREAU
701 Brickell Av., Suite 2700 | Tel. 305/539-30 00 | www.miamiandbeaches.com

ZIEL IN DER UMGEBUNG

EVERGLADES ★ [132 C5–6]
Eine halbe Autostunde westlich von Miami beginnt eine subtropische Sumpflandschaft. 110 km breit, aber höchstens hüfttief, ist ihr empfindliches Ökosystem als *Everglades Nat. Park* und Unesco-Welterbe geschützt. Quer durch den Nordteil führt die nach *Naples* strebende US-75. An ihr liegen *Visitor Center* und *Ranger Stations*. Der Reiz der Feuchtlandschaft erschließt sich auf Wander- und Bootstouren, die Sie am besten von *Everglades City* am Westrand oder von *Flamingo* aus, dem Endpunkt der in *Homestead* beginnenden Rte. 9336 am Südrand, unternehmen können. *Park Headquarters | 40001 State Rd. 9336, Homestead | Tel. 305/242-77 00 | www.nps.gov/ever*

NAPLES

[132 C5] **Die Eisenbahnverbindung von 1927 machte aus dem Fischerort am Golf von Mexiko ein Strandresort der Ostküstenelite.** Bis heute regiert in Naples (22 000 Ew.), das im Kreuzungsbereich Fifth Av. und 3rd St. schicke Restaurants und Boutiquen besitzt, kühle Noblesse. Die Hotels am Strand sind unbezahlbar. Doch in der zweiten Reihe schläft es sich erheblich preiswerter – und die herrlichen Strände sind öffentlich.

Nette Restaurants: das *Riverwalk Fish and Ale House (1200 Fifth Av. S | Tel. 239/263-27 34 | €–€€)* mit frischem Seafood und einer großen Auswahl lokaler Biere sowie *Spanky's Speakeasy (1550 Airport Pulling Rd. | Tel. 239/643-15 59 | €)*, ein mit Flohmarktantiquitäten vollgestopftes

Mit Boot oder Kanu durch die subtropische Sumpflandschaft der Everglades

Lokal, das vor allem Fisch auf der Speisekarte führt. Die mit Abstand angenehmste und preiswerteste Bleibe in Naples ist das Insider Tipp *Lighthouse Inn Motel* *(15 Zi. | 9140 Gulfshore Dr. N | Tel. 239/597-33 45 | €–€€)*. Die altmodische Herberge am Vanderbilt Beach liegt im Schatten moderner Wohnblocks und erfreut sich in ihrer Nische bester Gesundheit. Naples eignet sich auch gut als Ausgangspunkt für Trips in den *Everglades Nat. Park* und entlang der *Southern Gulf Coast.*

Auskunft: *Naples Chamber of Commerce | 2390 Tamiami Trail N | Tel. 239/262-61 41 | www.naples chamber.org*

ORLANDO

[132 C3] Schon von der durch das Stadtgebiet führenden I-4 aus ist die Entertainmentkulisse Orlandos zu sehen: Wo bis 1965 nur Orangen geerntet wurden, ragen heute die glitzernden Resorts und Themenparks in den Himmel. Walt Disney World und Sea World gaben den Startschuss für eine boomartige Entwicklung, deren Ende nicht absehbar ist: Orlando (220000 Ew.) ist eines der kommerziell erfolgreichsten Touristenziele der Welt. Mit dem Insider Tipp *Park-Hopper-Pass* sind alle Disney-Themenparks bis zu sieben Tage lang beliebig oft zu besuchen *(Magic-your-Way-Ticket für 7 Tage, plus Park Hopper Option 296 $).*

SEHENSWERTES

SEA WORLD ORLANDO

Zahlreiche fantastische Shows, darunter die Darbietung *Blue Horizons,* die den Traum eines kleinen Mädchens mit einem Riesenaufgebot an Delfinen, Akrobaten und exotischen Vögeln umsetzt. *April–Sept. tgl. 9–22, sonst 9–19 Uhr | 7007 Sea World Dr. | I-4, Exit 28 | www.seaworld.com*

UNIVERSAL ORLANDO

Universal Orlando richtet sich eher an junge Erwachsene. Hier geht es lauter zu, die Attraktionen sind noch haarsträubender, und es gibt ein reges Nachtleben. Universal Orlando besteht aus drei Teilen. In den *Universal Studios Florida* werden Studiotouren durch bekannte Filmkulissen geboten *(tgl. 9–22 Uhr | I-4 | Exits 75A bzw. 74A). Universal Studios Islands of Adventure* bietet die neuesten Achterbahnkurven. *Universal Studios City Walk* schließlich ist ein riesiger Shoppingtainmentkomplex. *themeparks.universalstudios.com*

WALT DISNEY WORLD ★

Dieser Megavergnügungspark am Südwestrand Orlandos setzte neue Maßstäbe. Auf einer Fläche der doppelten Größe Manhattans eröffneten 1971 gleich vier gigantische Themenparks. Drei Dutzend Resorthotels mit insgesamt 25000 Zimmern, Golfplätze, Wasserparks und Nachtclubs sorgen inzwischen dafür, dass Sie gleich mehrere Tage bleiben.

Am beliebtesten ist das *Magic Kingdom.* Es besteht aus *Fantasyland, Tomorrowland* und fünf weiteren „Ländern". Hier steht das berühmte *Cinderella Castle.* Halsbrecherische Achterbahnfahrten, die so genannten *thrill rides,* gibt es ebenso wie beschauliche Spaziergänge durch hübsche Märchenlandschaften. In *Disney's Animal King-*

dom reisen Sie durch afrikanische Savannenlandschaften, *Epcot* bietet lehrreiche Technikausstellungen. Tolle Achterbahnfahrten und einen Blick hinter die Kulissen haben Sie bei den *Disney MGM Studios. Tgl. 9–21 Uhr | I-4 | Exit 25B bzw. 26B | www.disneyworld.com*

ESSEN & TRINKEN

CRICKETERS ARMS PUB

Klassische Pubgerichte wie *ribs* und Burger, beste Bierauswahl. *5250 International Dr. | Tel. 407/354-06 86 | €*

NUMERO UNO

Ruhige Oase: *arroz con pollo* und andere kubanische Gerichte in Downtown Orlando. *2499 S Orange Av. | Tel. 407/841-38 40 | €€*

ÜBERNACHTEN

CLARION UNIVERSAL

Modernes Hotel der Dreisternekategorie nahe den Universal Studios. *303 Zi. | 7299 Universal Blvd. | Tel. 407/351-50 09 | www.clarionuniversal.com | €–€€*

DAYS INN LAKESIDE

Riesige Motelanlage mit eigenem See und Pools. Nur Minuten von allen Themenparks entfernt. *695 Zi. | 7335 Sand Lake Rd. | Tel. 407/351-19 00 | €*

AUSKUNFT

ORLANDO/ORANGE COUNTY CONVENTION & VISITORS BUREAU

8723 International Dr. | Tel. 407/363-58 72 | www.orlandoinfo.com

Entspannende Fahrt im Raddampfer durch das Frontierland in Walt Disneys Magic Kingdom

> www.marcopolo.de/usa-ost

ZIEL IN DER UMGEBUNG

KENNEDY SPACE CENTER [132 C3]

80 km östlich von Orlando erreichen Sie über die Hwys. 50 und 528 bei *Titusville* und *Cocoa Beach* die sogenannte *Space Coast.* Hier befindet sich auf der vorgelagerten *Merritt Island* das Herz der amerikanischen Raumfahrtindustrie. Seit 1963 schießt die Nasa von hier aus Raketen in den Weltraum. Das touristische Interesse konzentriert sich auf den *Kennedy Space Center Visitor Complex.* Er enthält ein Raumfahrtmuseum, die Replik eines Space Shuttle, ein Imax-Kino und das 2007 eröffnete *Shuttle Launch Experience,* wo Sie mithilfe raffinierter Technologie den Start eines Shuttles an Bord miterleben können *(tgl. 9–17 Uhr | Eintritt 38 $ | über Hwy. 405 und Rte. 3).*

Den Rest der weitläufigen Anlage – darunter das 52-stöckige *Assembly Building,* wo die Raumfähren gebaut werden – können Sie per Bus auf der *Kennedy Space Center Tour* erkunden *(alle 15 Min. | im Preis inbegriffen). www.kennedyspacecenter.com*

TALLAHASSEE

[132 A2] **1823 als Hauptstadt des Bundesstaats gegründet, erinnert die in sanften Hügeln liegende Stadt (160 000 Ew.) eher an den Alten Süden als an den Sunshine State.** An schattigen Alleen, den *Canopy Roads,* träumen historische Residenzen – am fotogensten sind *Miccosukee, Meridian* und *Old Bainbridge Road* mitten im Stadtzentrum. Rund 25 000 an der *Florida State University* eingeschriebene Studenten haben der rund um das *New Capitol Building* (toller Blick vom 22. Stock) konzentrierten *Downtown* mit Bars, kleinen Läden und Coffeeshops ihren Stempel aufgedrückt. Einen Besuch lohnt auch das bestes Museum zur Geschichte des Staats, das *Museum of Florida History (Mo–Fr 9–16.30, Sa 10–16.30, So 12–16.30 Uhr | Eintritt frei | 500 S Bronough St. | www.flheritage.com),* während das *Black Archives Research Center and Museum (Mo–Fr 9–16 Uhr | Eintritt frei | Gamble St., auf dem Uni-Campus)* eine eher nüchterne Aufarbeitung der Leidensgeschichte der schwarzen Bevölkerung Floridas bietet.

Cuisine Francaise mit Südstaaten-Twist können Sie bei *Chez Pierre (1215 Thomasville Rd. | Tel. 850/222-09 36 | €€–€€€)* genießen. Besonders empfehlenswert: *Duo de Canard* mit Blutorange. Und in charmantem Südstaatenambiente träumen Sie im historischen B & B *Calhoun Street Inn (4 Zi. | 525 N Calhoun St. | Tel. 850/425-50 95 | €).*

Auskunft: *Tallahassee Area Convention and Visitors Bureau | 106 E Jefferson St. | Tel. 850/606-23 05 | www.visittallahassee.com*

ZIEL IN DER UMGEBUNG

BARRIER ISLANDS [132 A2–3] Insider Tipp

Zwei Autostunden südwestlich von Tallahassee erreichen Sie auf der US 98 die untouristischen Fischerorte *Carrabelle* und das durch die Austernzucht bekannte *Apalachicola* am Golf von Mexiko. Von Eastpoint aus führt die US-1A auf die größte der drei vorgelagerten Barrier Islands, *St. George Island.* Hier warten 40 km lange, kaum bebaute Sandstrände auf Sonnenanbeter.

> SEHNSUCHT AM GROSSEN STROM

Die Städte am Old Man River atmen noch immer die Musik von einst

> Raddampfer, Tom Sawyer, Dixielandkapellen und greise Barden, die auf zerkratzten Gitarren den Blues schrammeln: Wer hat nicht diese Bilder im Kopf, wenn vom Mississippi die Rede ist?

Der längs durch die Mitte des Landes fließende Strom ist Amerikas „Old Man River", das Rückgrat der Nation. Fast 3000 km lang und bis zu 1,5 km breit, gibt er den Amerikanern jenes Gefühl von Beständigkeit und Verwurzelung, das sonst eher Europäern eigen ist. An seinen Ufern liegen die Städte, von denen aus Blues, Jazz und Rock 'n' Roll ihre Siegeszüge um die Welt antraten: St. Louis (MO), Memphis (TN) und natürlich New Orleans (LA), die sinnliche und 2005 von Hurrikan Katrina so schrecklich heimgesuchten Schöne am Golf von Mexiko.

Weitere Infos über das Mississippi-Tal finden Sie auch im MARCO POLO „USA Südstaaten".

Bild: am Mississippi-Delta

MISSISSIPPI-TAL

CAJUN COUNTRY

[130 A–B5] ★ Die Gesichter ähneln denen in Französisch-Kanada, der Glaube ist katholisch: Westlich von New Orleans beginnt Cajun Country, das Land der Cajuns, das von Houma bis Lake Charles reicht. Die Nachfahren der 1755 von den Briten aus Nova Scotia vertriebenen, französischsprachigen *Acadians* haben viel von ihren Traditionen in die Gegenwart gerettet, vor allem die herzhafte *Cajun Cuisine* und die muntere Cajun-Musik. Selbst ihre Sprache haben sie bewahrt, obwohl deren Benutzung zwei Generationen lang verboten war. Heute ist Cajun Country mit der inoffiziellen Hauptstadt *Lafayette* (114 000 Ew.) Heimat von über einer Millionen Cajuns. Ihre Dörfer sind kleine Schmuckstücke, eine große Kirche im Zent-

Beeindruckende Einfahrt: Eine fast 300 Jahre alte Eichenallee führt zur Oak Alley Plantation

rum und gepflegte alte Holzhäuser mit Veranda und Schaukelstuhl.

SEHENSWERTES

Insider Tipp

ACADIAN MUSEUM

Herrlich chaotisch, aber ungemein informativ. Das winzige Museum in *Erath* ist eine Fundgrube in Sachen Cajuns. *Tgl. 13–16 Uhr | Spende erbeten | 203 S Broadway | www.acadianmuseum.com*

OAK ALLEY PLANTATION

Die herrschaftliche, 1839 errichtete Pflanzerresidenz bei *Vacherie* erhielt ihren Namen durch ihre imposante, von Eichen gesäumte Auffahrt. *Mo bis Fr 10–16, Sa/So 10–17 Uhr | Eintritt 15 $ | 3645 Hwy. 18 | www.oakalleyplantation.com*

WETLANDS ACADIAN CULTURAL CENTER

Das moderne Kulturzentrum in *Thibodeaux* (15 000 Ew.) widmet sich der dramatischen Geschichte der Akadier von ihrer Ankunft in Nova Scotia bis zur Flucht nach Louisiana und dem Kampf um ihre in den USA einzigartige Kultur. *Mo 9–20, Di–Do 9–18, Fr/Sa 9–17 Uhr | Eintritt frei | 314 St. Marys St. | www.acadian-cajun.com/acc.htm*

ESSEN & TRINKEN

DAVE'S CAJUN KITCHEN

Zünftiges Lokal, auf der Speisenkarte stehen neben Seafood reisgefüllte Würste *(boudins)* und ein deftiger Eintopf *(gumbo)*. *6240 Main St., Houma | Tel. 984/868-38 70 | €*

PREJEAN'S

Cajun-Bands und *Cajun Cuisine*, dazu ein ausgestopfter, 3 m langer Alligator machen den Besuch zu einem Erlebnis. *3480 Hwy. 167 | Lafayette | Tel. 337/896-32 47 | €*

AM ABEND

Insider Tipp

Im ▶▶ *Liberty Theatre* spielen – live vom Radio übertragen – jeden Samstagabend die besten Cajun-Bands

Louisianas. Auch Szenetreff mit Lokalkolorit *(2nd St./Park Av., Eunice | Eintritt 5 $)*.

ÜBERNACHTEN

MADEWOOD PLANTATION HOUSE

Schlafen wie Scarlett O'Hara in einem herrschaftlichen Pflanzerhaus. *8 Zi. | 4250 Hwy. 308, Napoleonville | Tel. 985/369-71 51 | www.madewood.com | €€€*

Insider Tipp

THE OLD CASTILLO HOTEL

B & B in historischem Steinhaus am Bayou Teche. Sieben große Zimmer. *220 Evangeline Rd., St. Martinsville | Tel. 337/394-40 10 | www.oldcastillo.com | €€*

TOUREN

A CAJUN MAN'S SWAMP CRUISES

★ *Cajun Man* Ron Guidry schippert seine Gäste durch eine von Alligatoren bewohnte Sumpflandschaft aus Bayous und Marschen. *23 km westlich von Houma | Hwy. 182 | Ticket 25 $ | Tel. 985/868-46 25*

AUSKUNFT

LOUISIANA OFFICE OF TOURISM

Baton Rouge | Tel. 225/342-81 00 | www.louisianatravel.com

MEMPHIS

[130 C2] Als „Home of the Blues" wird Memphis (671 000 Ew.) häufig geehrt und vibriert auch heute noch vor Musik. 1819 als Baumwollumschlaghafen gegründete wurde die Stadt von Bürgerkrieg und Gelbfieber heimgesucht und um 1900 Keimzelle einer neuen, afroamerikanischen Mittelschicht. Rund um die legendäre ▶▶ *Beale Street*, wo Muddy Waters und B. B. King einst den Blues als Musikstil definierten, klagen abends noch immer talentierte Sänger in zahlreichen Kneipen über zu wenig Liebe und zu viel Arbeit. Einer überstrahlt sie jedoch alle: Elvis Presley. Der „King" nahm im legendären *Sun Studio* seine ersten Platten auf und wohnte bis 1977 in *Graceland*.

SEHENSWERTES

GRACELAND

★ 1957 kaufte Elvis 22-jährig diesen stattlichen Besitz und richtete sich standesgemäß ein. Zu sehen sind auf verschiedenen Touren seine Anzüge, Autos, Gitarren und goldenen Schallplatten. *Mo–Sa 9–17, So 10 bis 16 Uhr | Eintritt 25–69 $ | 3764 Elvis Presley Blvd. | www.elvis.com*

MARCO POLO HIGHLIGHTS

★ **Cajun Country**
Französische Klänge und schmackhafte Küche am Delta des Old Man River (Seite 81)

★ **A Cajun Man's Swamp Cruises**
Auf einer Tour mit Ron Guidry in den Sümpfen Alligatoren füttern (Seite 83)

★ **Graceland**
Pilgerstätte: das Haus von Elvis (Seite 83)

★ **French Quarter**
Multikulturelles Flair in New Orleans (Seite 84)

★ **Gateway Arch**
Aussicht über den Mississippi (Seite 86)

Insider Tipp

NATIONAL CIVIL RIGHTS MUSEUM
Das Museum widmet sich der Geschichte der Bürgerrechtsbewegung in Bild und Ton. Es ist im früheren *Lorraine Motel* untergebracht, auf dessen Balkon Martin Luther King Jr. 1968 erschossen wurde. *Mo–Sa 9–17, So 13–17 Uhr | Eintritt 12 $ | 450 Mulberry St. | www.civilrightsmuseum.org*

STAX MUSEUM OF AMERICAN SOUL MUSIC
Von der Fender-Gitarre Ike Turners bis zu Otis Reddings Wildlederjacke: Liebhabern der Soulmusic werden hier die Augen (und Ohren) übergehen. *Mo–Sa 9–16, So 13–16 Uhr | Eintritt 10 $ | 926 E McLemore Av. | www.soulsvilleusa.com*

ESSEN & TRINKEN

BLUES CITY CAFÉ
Gigantische Steaks, auch *ribs* und Fisch. Täglich Livemusik. *138 Beale St. | Tel. 901/526-36 37 |* €–€€

THE RENDEZVOUS
Kellerrestaurant in einer ruhigen Seitenstraße, gilt als bester Ort für *ribs. 52 S 2nd St. | Tel. 901/523-27 46 |* €€

AM ABEND

Insider Tipp

Täglich Livemusik können Sie im *This is it* erleben, einem intimen Restaurant mit Bar und kleiner Bühne *(167 Beale St.).* Das *Rum Boogie Café* ist Memphis' Spielstätte für alle Lokalmatadore *(182 Beale St.).*

ÜBERNACHTEN

THE PEABODY
Bestes Hotel der Stadt. Berühmt für seine Enten, die jeden Morgen 11 Uhr durch die Lobby zu ihrem Springbrunnen marschieren. *468 Zi. | 149 Union Av. | Tel. 901/529-40 00 | www.thepeabodyhotel.com |* €€€

TALBOT HEIRS GUESTHOUSE
Eine etwas preiswertere Alternative zum gegenüberliegenden Peabody. Alle Zimmer sind hübsche Miniapartments. *9 Zi. | 99 S 2nd St. | Tel. 901/527-97 72 | www.talbothouse.com |* €€

AUSKUNFT

MEMPHIS CONVENTION & VISITORS BUREAU
47 Union Av. | Tel. 901/543-53 00 | www.memphistravel.com

NEW ORLEANS

[130 C5–6] New Orleans (222 000 Ew.) ist „The Big Easy". Nicht umsonst wird hier mit dem *Mardi Gras* der ausgelassenste Karneval Nordamerikas gefeiert. Das multikulturelle Erbe reflektiert am besten das ★ *French Quarter.* Die von den Franzosen seit 1718 angelegte Altstadt wurde später von den Spaniern und Kreolen erweitert und wirkt mit ihren Atrien hinter weißen Stuckfassaden eher wie eine kolonialspanische Stadt in der Karibik. Achtung: Nach Hurrikan Katrina verließ 2005 über die Hälfte der Einwohner die Stadt. In manchen Außenbezirken sind die Schäden auch heute noch sichtbar. Das *French Quarter* ist jedoch weitgehend wieder hergestellt.

SEHENSWERTES

BOURBON STREET
Aus allen Ritzen der Bourbon Street im French Quarter quillt Gelächter

New Orleans feiert: Der schrille Karneval Mardi Gras lockt jedes Jahr Tausende in die Stadt

und Musik. Wo Louis Armstrong in anrüchigen Etablissements einst seine ersten Dollars verdiente, toben sich heute sonst eher prüde Yankees aus. Das musikalische Erbe dieser Straße bewahrt die in einer Seitenstraße liegende *Preservation Hall* mit stilechtem Ambiente der 1920er-Jahre und allabendlichem Jazz und Dixieland live *(Mi–So 20–23 Uhr | Eintritt 10 $ | 726 St. Peter St. | www.preservationhall.com)*.

JACKSON SQUARE

Auf dem von Palmen und Kolonialarchitektur umgebenen ehemaligen Exerzierplatz zwischen Decatur und Chartres Sts. dominiert das *Reiterstandbild* Andrew Jacksons. Links neben der schönen *St. Louis Cathedral* von 1794 steht der *Cabildo*, ein 1799 von den Spaniern gebautes Verwaltungsgebäude, in dem 1803 der *Louisiana Purchase* unterzeichnet wurde. Rechts der Kirche beherbergt der 1813 vollendete ehemalige Bischofssitz *Presbytère,* heute Teil des *Louisiana State Museum,* eine herrliche Sammlung historischer Mardi-Gras-Kostüme *(Di–So 9–17 Uhr | Eintritt 6 $)*.

Insider Tipp

NEW ORLEANS HISTORIC VOODOO MUSEUM

Mit den Sklaven gelangte die Voodoo-Tradition in die Stadt. Auch Tickets für Voodoo-Zeremonien sind hier erhältlich. *Tgl. 10 Uhr–Sonnenuntergang | Eintritt 7 $ | 724 Dumaine St.*

ESSEN & TRINKEN

CAFÉ DU MONDE

Drinnen und draußen: *Beignets* mit *Café au Lait* im beliebtesten Kaffeehaus der Stadt. *800 Decatur St.* | €

K-PAUL'S LOUISIANA KITCHEN

Kreative *Cajun Cuisine,* zubereitet von Louisianas Starkoch Paul Prudhomme. *416 Chartres St.* | *Tel. 504/524-73 94* | €€–€€€

AM ABEND

▶▶ *Tipitina's* ist eine Institution: Reggae, Rock 'n' Blues und sonntags *Swamp Rock* genannte Cajun-Musik *(501 Napoleon Av.).* Täglich Rock, Country und Cajun-Musik in hemdsärmeliger Atmosphäre gibt's im *Howlin' Wolf (907 S Peter St.).*

> LOW BUDGET

- Mit dem Rad für 20 $ pro Tag durchs *French Quarter* und ins *Bywater-Viertel,* einer kleinen Künstlerkolonie im *Upper Ninth Ward,* wo viele Häuser noch immer die während der Katrina-Katastrophe aufgesprühten Code-Signale der Rettungsmannschaften tragen. Räder bei *Bicycle Michael (622 Frenchmen St.* | *Tel. 504/945-95 05* | *www.bicyclemichaels.com).*
- Cajun Country: Samstags ab 9 Uhr gibt's eine Jam Session bei freiem Eintritt und super Stimmung im *Savoy Music Center (Hwy. 190 zwischen Eunice und Lawtell* | *www.savoymusiccenter.com).* Jeder, der ein Instrument halten kann, ist willkommen.
- Memphis: Der pinkfarbene Trolleybus der *Memphis Area Transit Authority (MATA)* verbindet die *Beale St.* mit zahlreichen Sehenswürdigkeiten, u.a. dem *National Civil Rights Museum,* und kostet nur 1 $ pro Fahrt.

ÜBERNACHTEN

HOLIDAY INN FRENCH QUARTER

Mitten im French Quarter, trotzdem bezahlbar. Pool, Restaurant. *379 Zi.* | *124 Royal St.* | *Tel. 504/529-72 11* | *www.ichotelsgroup.com* | €€

MONTELEONE

Stilvolles Grandhotel im French Quarter seit 1886. *600 Zi.* | *214 Royal St.* | *Tel. 504/523-33 41* | *www.hotelmonteleone.com* | €€–€€€

AUSKUNFT

NEW ORLEANS METROPOLITAN CONVENTION & VISITORS BUREAU

2020 St. Charles St. | *New Orleans* | *Tel. 504/566-50 11* | *www.neworleanscvb.com*

ST. LOUIS

[126 C3] **Im frühen 19. Jh. lag St. Louis (367 000 Ew.) am Rand der Zivilisation. Von hier aus zogen die Siedler mit ihren Planwagen nach Kalifornien.** Heute ist die Stadt am Mississippi, die 1764 als französischer Pelzhandelsposten begann, eine moderne Metropole.

SEHENSWERTES

GATEWAY ARCH ★

Der skylineprägende Bogen aus glitzerndem Stahl wurde 1965 am Mississippi-Ufer aufgestellt. 192 m hoch, symbolisiert er St. Louis' historische Rolle als Tor zum Westen. Im Innern führt ein kleiner Aufzug bis zum höchsten Punkt, von wo aus Sie herrliche Blicke über den Fluss und die Stadt haben. *Tgl. 8–22 Uhr | Eintritt 14 $ | Riverfront Park | www.gatewayarch.com*

UNION STATION
1894 war er der größte Bahnhof der Welt, 1978 wurde er in ein Shopping- und Entertainmentcenter umfunktioniert – samt einem 539-Zimmer-Hotel: *Hyatt Regency*. 90 Geschäfte und Restaurants machen den Besuch zu einem besonderen Vergnügen. *Market/18th St.*

ESSEN & TRINKEN

HARRY'S RESTAURANT & BAR
Herzhafte amerikanische Küche mit tollem Blick auf Union Station und Downtown. *2144 Market St. | Tel. 314/421-69 69 | €–€€*

SIDNEY STREET CAFÉ
Gemütliches Restaurant, hervorragende neue amerikanische Küche. Probieren Sie *Santa Fe shrimps,* gefüllt mit geräuchertem Gouda. *2000 Sidney St. | Tel. 314/771-57 77 | €€*

ÜBERNACHTEN

SEVEN GABLES INN
Hübscher Inn im englischen Landhausstil. *32 Zi. | 26 N Meramec Av. | Tel. 314/863-84 00 | www.sevengablesinn.com | €€*

AUSKUNFT

ST. LOUIS CONVENTION & VISITORS COMMISSION
1 Metropolitan Square | Suite 1100 | Tel. 314/421-10 23 | www.explorestlouis.com

Ein Bogen aus Edelstahl als Symbol für das Tor zum Westen: der Gateway Arch von St. Louis

> KONTRAPUNKT IM HERZEN AMERIKAS

Kunst vom Feinsten, die berühmtesten Wasserfälle der Welt und tolle Aussichten

> Amerikaner nennen die Region südlich der Großen Seen *Midwest*, den Mittleren Westen. Hier schlägt das wirtschaftliche Herz der Nation.

In Ohio (OH), Illinois (IL), Michigan (MI) und Wisconsin (WI) sitzen große Unternehmen wie Ford, General Motors, Chrysler und Harley Davidson. Chicago (IL) gilt als Kunst- und Architekturmekka, Cleveland (OH) besitzt das beste Popmusikmuseum des Landes und Detroit das bekannteste Automuseum. Aber die größte Attraktion der Gegend sind die tosenden Niagarafälle (NY).

Weitere Infos über die Region finden Sie auch im MARCO POLO „Chicago und die Großen Seen".

CHICAGO

[122 A5] 1779 gegründet, hat Chicago heute 3 Mio. Einwohner. Nach dem großen Feuer von 1871 entwickelte eine fort-

Bild: Maid of the Mist, Niagara Falls

DIE GROSSEN SEEN

schrittliche Architektengruppe – die Chicago School – neue Konstruktionstechniken wie die Stahlskelettbauweise, die den Bau der ersten Wolkenkratzer ermöglichte. Im 20. Jh. dann schufen Mies van der Rohe und Frank Lloyd Wright Chicagos avantgardistisches Make-up – und Künstler aus aller Welt verschönten mit ihren Skulpturen den Finanzdistrikt *The Loop,* den *Grant Park* am Seeufer und den Vorzeigeboulevard *Magnificent Mile*.

SEHENSWERTES

ART INSTITUTE OF CHICAGO ★

Es ist eines der weltweit größten Kunstmuseen, das u. a. auch die wichtigste Sammlung französischer Impressionisten außerhalb Frankreichs besitzt. Im Mai 2009 Eröffnung des spektakulären Anbaus von Renzo Piano. *Mo–Mi, Fr, 10.30 bis 16.30, Do 10.30–20, Sa/So 10–17 Uhr | Eintritt 12 $ | Grant Park | 111 S Michigan Av. | www.artic.edu*

JOHN HANCOCK CENTER ★

Förderturm? Obelisk? Unübersehbar ist der 343 m hohe Wohn- und Büroturm auf jeden Fall. Vom *Observatory* im 94. Stock zeigt sich Chicago von oben. *Tgl. 9–23 Uhr | Eintritt 15 $ | Magnificent Mile | 875 N Michigan Av. | www.hancock-observatory.com*

Erst wenn sich die Brücken über dem Chicago River heben, haben die Boote freie Fahrt

MUSEUM OF SCIENCE AND INDUSTRY

Es zählt zu den besten Hands-on-Museen der USA und beherbergt u. a. ein deutsches U-Boot aus dem Zweiten Weltkrieg und eine Boeing 727. *Mo–Sa 9.30–16, So 11–16 Uhr | Eintritt 13 $ | 5700 S Lake Shore Dr.*

ESSEN & TRINKEN

BLACKBIRD

Fürs Auge zubereitete Gerichte wie Stör mit karamellisiertem Sellerie. *619 W Randolph St. | Tel. 312/715-07 08* | €€€

TRU ▶▶

Innovative französische Küche, serviert in elegantem Designerambiente. *676 N St. Clair St. | Tel. 312/202-00 01* | €€€

EINKAUFEN

Die schönsten Malls des mittleren Amerika, noble Boutiquen und Konsumtempel wie *Bloomingdale's* und *Saks Fifth Avenue* begleiten den nördlich vom Chicago River *Magnificent Mile* genannten Abschnitt der *N Michigan Avenue* bis ungefähr zur *Oak Street.* Das städtische Kulturamt betreibt den Kunsthandwerk anbietenden *Shop at the Cultural Center (78 E Washington St.).*

AM ABEND

Eine der besten Bluesbars der Stadt ist das *Blue Chicago on Clark* mit täglichen Liveauftritten nördlich von The Loop *(536 N Clark St. | www.bluechicago.com)*. In *Buddy Guy's Legends* können Sie live unverfälschten Blues und Jazz genießen *(754 S Wabash St. | www.buddyguys.com)*.

Insider Tipp

ÜBERNACHTEN

THE DRAKE HOTEL

Luxuriöses Traditionshotel von 1920, in vergoldeter Nostalgie schwelgende Lobby. Viele Zimmer mit Seeblick. *537 Zi. | 140 E Walton Place | Tel. 312/787-22 00 | www.thedrakehotel.com* | €€€

Insider Tipp

OHIO HOUSE MOTEL

Sauberes Motel, zivile Preise und gutes Nachtleben: alles mitten in der Downtown. *50 Zi. | 600 N La Salle St. | Tel. 312/943-60 00 | www.ohiohousemotel.com* | €–€€

AUSKUNFT

CHICAGO OFFICE OF TOURISM

78 E Washington St. | Tel. 312/744-24 00 | www.cityofchicago.org

CINCINNATI

[127 F3] **Die 1788 gegründete Stadt (333 000 Ew.) ist ein Zentrum der verarbeitenden Industrie mit einem überraschend hochwertigen Kulturangebot.** Die von Art-déco und postmodernen Wolkenkratzern geprägte Skyline nimmt sich am besten von der 1867 gebauten *Roebling Suspension Bridge* über den Ohio River aus.

SEHENSWERTES

CONTEMPORARY ARTS CENTER

Provozierend, inspirierend: eine der richtungweisenden Institutionen für zeitgenössische Kunst. *Mo 10–21, Mi–Fr 10–18, Sa/So 11–18 Uhr | Eintritt 7,50 $ | 44 E 6th St. | www.contemporaryartscenter.org*

MUSEUM CENTER AT UNION TERMINAL

Der frühere, von einer riesigen Kuppel gekrönte Bahnhof der Stadt beherbergt heute drei interessante Museen, darunter das der Stadtgeschichte gewidmete *Cincinnati Museum (Mo–Sa 10–17, So 10–18 Uhr | Eintritt 7,25 $ | 1301 Western Av. | www.cincymuseum.org)*.

MARCO POLO HIGHLIGHTS

★ **Art Institute of Chicago**
Große Kunst von der Antike bis zur Moderne: Zeit und bequeme Schuhe mitbringen! (Seite 89)

★ **John Hancock Center**
Berauschender Blick über Chicago und den Lake Michigan von der Aussichtsterrasse des förderturmartigen Wolkenkratzers (Seite 90)

★ **Rock and Roll Hall of Fame**
Clevelands Ruhmeshalle der Rockmusik (Seite 92)

★ **Henry Ford Museum**
Das ultimative Automobilmuseum in Detroit (Seite 93)

★ **Niagara Falls**
Gischtvernebelt und weltberühmt (Seite 95)

ESSEN & TRINKEN

ARNOLD'S BAR & GRILL

Traditionelle italienische und amerikanische Küche in Cincinnatis ältester Kneipe. *210 E 8th St.* | *Tel. 513/421-62 34* | €

ÜBERNACHTEN

HILTON NETHERLAND PLAZA

Schmuckstück in französischem Art-déco im Zentrum. *619 Zi.* | *35 W 5th St.* | *Tel. 513/421-91 00* | *www.1hilton.com* | €€–€€€

AUSKUNFT

GREATER CINCINNATI CONVENTION & VISITORS BUREAU

525 Vine St., Suite 500 | *Tel. 513/621-21 42* | *www.cincyusa.com*

CLEVELAND

[123 D5] John D. Rockefeller gründete hier 1870 seine Standard Oil Company. Andere Industriemagnaten jener Ära zogen nach und verwandelten die 1799 am Lake Erie gegründete Stadt (444 000 Ew.) in eine schmutzige Industriemetropole. Seit den 1970er-Jahren auf Dienstleistungen umgeschwenkt, präsentiert sich Cleveland heute als saubere Großstadt mit fotogener Seeseite, weltoffener Downtown und quirligem Vergnügungsviertel.

SEHENSWERTES

ROCK AND ROLL HALL OF FAME ★

Stararchitekt I. M. Pei entwarf die sechsgeschossige gläserne Pyramide. Drinnen gibt's alles zum Rock 'n' Roll – von seinen Bluesanfängen bis zu aktuellen Teenie-Idolen. *Tgl. 10 bis 17.30 Uhr* | *Eintritt 22 $* | *751 Erieside Av.* | *www.rockhall.com*

ESSEN & TRINKEN

BLUE POINT GRILLE

Erstklassiges Seafood, zu empfehlen: Krabben und *clam chowder. 700 W St. Clair Av.* | *Tel. 216/875-78 27* | €€€

ÜBERNACHTEN

GLIDDEN HOUSE

Hinter alten Bäumen versteckter Inn in würdevoll neogotischem Stil. 60 gemütliche Zimmer. *Tel. 216/231-89 00* | *1901 Ford Dr.* | €€

AM ABEND

Das beiderseits des Cuyahoga River liegende Vergnügungsviertel *The Flats* besitzt Dutzende von Bars, Musikkneipen und Restaurants.

AUSKUNFT

POSITIVELY CLEVELAND

The Higbee Building, 100 Public Square, Suite 100, Cleveland | *Tel. 216/875-66 80* | *www.positivelycleveland.com*

DETROIT

[122 C4] Detroit (870 000 Ew.) liegt zwischen den Lakes Huron und Erie am Detroit River, der Grenze zu Kanada. 1701 als französisches Fort gegründet, führte 1913 Henry Ford hier die Fließbandproduktion ein. Heute produzieren GM, Ford und Chrysler in Detroit ein Viertel aller Autos des Landes. Angetrieben wird die *Motor City* von einer meist afroamerikanischen Belegschaft, die u. a. den berühmten *Motown Sound* hervorbrachte. Anfang 2009 erlebte die von der Finanzkrise in voller Wucht getroffene Autobauerstadt die größte Krise ihrer Geschichte.

DIE GROSSEN SEEN

SEHENSWERTES

HENRY FORD MUSEUM ★

Der Komplex gilt flächenmäßig als größter Amerikas. Rund 200 Automobile und andere Highlights amerikanischer Technikgeschichte sind in alten Fertigungshallen zu sehen. Angeschlossen ist das Freilichtmuseum *Greenfield Village. Tgl. 9.30–17 Uhr | Eintritt 14 $ | 20900 Oakwood Blvd. | www.hfmgv.org*

MOTOWN HISTORICAL MUSEUM

Insider Tipp

Stevie Wonder, Smokey Robinson, die Supremes, Marvin Gaye: Sie alle nahmen im Studio A von Berry Gordy Jr. auf. Geführte Touren durch die Produktionsräume zeigen unzählige Erinnerungsstücke und nostalgische Aufnahmetechnik. *Mo–Sa 10–18 Uhr | Eintritt 8 $ | 2648 W Grand Blvd. | www.motownmuseum.com*

ESSEN & TRINKEN

HOCKEYTOWN CAFÉ

Insider Tipp

Dem Eishockey und den geliebten *Detroit Red Wings* gewidmetes Sportrestaurant, Spezialität: Lokalkolorit und Bombenstimmung bei Heimspielen. *2301 Woodward Av. | Tel. 313/965-95 00* | €

ÜBERNACHTEN

THE ATHENEUM SUITE HOTEL ▶▶

Insider Tipp

Cooles Designhotel, frisch renoviert. Alle Suiten mit zwei Ebenen und luxuriösen Bädern. *174 Zi. | 1000 Brush Av. | Tel. 313/962-23 23 | www.atheneumsuites.com* | €€–€€€

AUSKUNFT

DETROIT METRO CONVENTION & VISITORS BUREAU

211 W Fort St. | Tel. 313/202-18 00 | www.visitdetroit.com

Da glänzen die Augen aller Technikfans: Henry Ford Museum bei Detroit

ZIEL IN DER UMGEBUNG

Insider Tipp

MACKINAC ISLAND [122 C2]

Die autolose Insel zwischen Lake Huron und Lake Michigan, rund drei Stunden nordwestlich von Detroit, lebt seit 1850 von Sommerfrischlern. Die dramatische Geschichte der Insel erzählt das wehrhafte *Fort Mackinac* nach *(tgl. 9–17.30 Uhr | Eintritt 10 $). Anreise per Fähre ab St. Ignace oder Mackinaw City*

Auskunft: *Mackinaw City Chamber of Commerce | 216 E Central Av. | Tel. 231/436-55 74 | www.mackinawchamber.com*

Harley-Fahrer zieht es immer wieder in die Geburtsstadt ihrer Bikes: Milwaukee

MILWAUKEE

[122 A4] **Die saubere Industriestadt (573 000 Ew.) am Westufer des Michigansees erhält regelmäßig Besuch aus der alten Heimat.** Dies erklärt die große Anzahl an deutschen Metzgern und Bäckern. Brauereien wie *Pabst, Schlitz* und *Blatz* machten Milwaukee zur US-Bierkapitale.

SEHENSWERTES

HARLEY DAVIDSON MUSEUMY

Insider Tipp

Das tiefe Tuckern der Zweizylinder haben sich William S. Harley und Arthur Davidson patentieren lassen. Das 2008 eröffnete Museum beherbergt 450 jener heißen Öfen, die wie keine anderen den Traum von Freiheit und Abenteuer verkörpern. *Mai–Okt. tgl. 9–18, sonst Mo–Fr 10–17, Sa/So 9 bis 18 Uhr | Eintritt 16 $ | 400 Canal St. | www.harley-davidson.com*

OLD WORLD THIRD STREET

Im 19. Jh. war diese kopfsteingepflasterte Straße mit ihren Fachwerkhäusern Milwaukees Hauptstraße. *Zwischen Wisconsin/Juneau Avs. | www.oldworldthird.org*

MILWAUKEE ART MUSEUM

Seine Hängebrücke und das fast 30 m hohe, einer Möwe nachempfundene Sonnensegel machen den Bau selbst zum Kunstwerk. Drinnen erwarten Sie u. a. deutsche Expressionisten. *Tgl. 10–17 Uhr | Eintritt 14 $ | 700 N Art Drive | www.mam.org*

ESSEN & TRINKEN

WATER STREET BREWERY

Muntere Atmosphäre, Pasta, *ribs* und Steaks in großzügigen Portionen.

Selbst gebrautes Bier. *1101 N Water St. | Tel. 414/272-11 95 | €*

ÜBERNACHTEN

THE PFISTER HOTEL

Milwaukees schönstes Traditionshotel, sehenswerte Lobby und gute Weekendpreise. *307 Zi. | 424 E Wisconsin Av. | Tel. 414/273-82 22 | www.pfister-hotel.com | €€–€€€*

AUSKUNFT

GREATER MILWAUKEE CONVENTION & VISITORS BUREAU

648 N Plankinton Av., Suite 425, Milwaukee | Tel. 414/273-72 22 | www.milwaukee.org

ZIEL IN DER UMGEBUNG

DOOR PENINSULA [122 A3]

200 km nördlich von Milwaukee ragt die fingerförmige Halbinsel in den Lake Michigan. Mit hübschen Dörfern, Inseln und über 400 km Küstenlinie ist Door Peninsula ein beliebtes Ferienziel mit zahlreichen Freizeitaktivitäten und Spa-Resorts.

Auskunft: *Door County Chamber of Commerce | 1015 Green Bay Rd. | Sturgeon Bay | Tel. 920/743-44 56 | www.doorcountyvacations.com*

NIAGARA FALLS

[123 E4] ★ **Die Niagarafälle an der kanadischen Grenze sind die berühmtesten Wasserfälle der Welt.** Der Niagara River, der die Lakes Erie und Ontario miteinander verbindet, fließt hier über eine 50 m hohe Stufe – ein donnerndes Spektakel, bei dem 1,5 Mio. l Wasser pro Sekunde in die Tiefe stürzen. Die mitten im Fluss verlaufende Grenze teilt die Fälle in die *Horseshoe Falls* auf der kanadischen und die *American Falls* und *Bridal Veil Falls* auf der amerikanischen Seite. Letztere liegen im *Niagara Reservation State Park*. Einen guten Überblick haben Sie vom *New York State Observation Tower* am *Prospect Point (tgl. 9–22 Uhr | Eintritt 1 $).*

Die Dampfer der *Maid-of-the-Mist-Flotte* fahren bis unmittelbar vor die *Horseshoe Falls (tgl. 10–22 Uhr | Preis 11,50 $).* Am Fuß der *Brial Veil Falls* auf dem klitschnassen *Hurricane Deck* enden geführte Touren durch die *Cave of the Winds (tgl. 9–19.30 Uhr | Preis 8 $).* Ein angenehmer Inn im Ort *Niagara Falls* ist der *Red Coach Inn (11 Zi. | 2 Buffalo Av. | Tel. 716/282-14 59 | www.redcoach.com | €–€€).*

Auskunft: *Niagara Falls Convention & Visitors Bureau | 310 Fourth St. | Tel. 716/285-24 00 | www.niagara-usa.com*

>LOW BUDGET

> In Chicago den Wagen preiswert parken und für den Rest des Tages vergessen: Die riesige *Grant Park North Garage (Einfahrt N Michigan Av. zwischen Monroe und Washington Sts.)* macht's möglich. Für 14 $ (12 Stunden) oder 22 $ (24 Stunden).

> Museen und Galerien in Chicago sind teuer. Rund 40 $ kann man mit dem *Chicago CityPass* für 59 $ sparen. Er gilt für fünf Attraktionen und kann online *(www.citypass.com/city/chicago.html)* oder in den Besucherzentren Chicagos gekauft werden.

> DAS ALTE UND DAS NEUE AMERIKA ENTDECKEN

Per Auto, Dampfer und Achterbahn

Die Touren sind auf dem hinteren Umschlag und im Reiseatlas grün markiert

1 DURCH DIE MITTE IN DEN SÜDEN

Der Süden ist groß, ihn in zwei bis drei Wochen sehen zu wollen ist so gut wie unmöglich. Sie sollten sich daher auf die wichtigsten Sehenswürdigkeiten beschränken. Nördlichster Punkt der Reise ist Philadelphia, südlichster Key West. Der Rückweg erfolgt über das Mississippi-Tal. Planen Sie mindestens 5000 km und drei bis vier Wochen für diese Tour ein.

Ausgangspunkt ist **Washington D.C.** *(S. 52)*. Zwei bis drei Tage reichen, um sich umzuschauen und den Jetlag auszukurieren. Zunächst aber geht es gen Norden in die alte Arbeiterstadt **Baltimore** *(S. 46)*. Der raue Charme der alten Ziegelhäuser konzentriert sich am **Inner Harbor** und im kopfsteingepflasterten Kneipenviertel **Fells Point**. Das weiter nördlich gelegene **Philadelphia** *(S. 50)* erlebte 1776 die Erklärung der amerikanischen Unabhängigkeit.

Bild: Downtown Philadelphia

AUSFLÜGE & TOUREN

Heute präsentiert sich „Philly“ als ein Mix aus Freilichtmuseum, Kunstdorado und spröder No-Nonsense-City.

Ein Abstecher ins **Pennsylvania Dutch Country** *(S. 52)* führt Sie zu den Amischen, die hier noch wie vor hundert Jahren leben. Das etwas westlich davon liegende **Gettysburg** *(S. 52)* rekonstruiert detailgenau den dramatischen Verlauf des Bürgerkriegs in einem Nationalpark. Danach, Washington umfahrend, lässt sich in den dichten Wäldern des **Shenandoah Nat. Park** *(S. 55)* einmal Natur pur genießen.

Über **Charlottesville** *(S. 66)*, das vornehme Unistädtchen mit der herrschaftlichen **Villa Monticello** des US-Präsidenten Thomas Jefferson, geht es nach **Richmond** *(S. 65)*. Die alte Hauptstadt der Konföderierten wirkt noch immer stolz und unbeugsam, besonders im Regierungsviertel **Court End**. Eine knappe Stunde weiter südöstlich liegt **Colonial Williamsburg**

(S. 67), Amerikas größte Museumsstadt, die mit einem Riesenaufwand ins Jahr 1775 entführt.

Den Kopf frei bekommen Sie danach auf den Düneninseln der **Outer Banks** *(S. 64)*, wo Sie baden, Meeresfrüchte genießen und in hübschen kleinen Orten die Seele baumeln lassen können. Es folgen die Südstaatenschönheiten **Charleston** *(S. 60)* und **Savannah** *(S. 67)*. Von hier aus einen Abstecher nach **Atlanta** *(S. 57)*, die boomende Hauptstadt Georgias, zu unternehmen ist eine Zeitfrage.

Weiter Richtung Süden verlängert das 1565 gegründete Städtchen **St. Augustine** den Traum des tiefen Südens mit herrlichen alten Kolonialhäusern und weißen Sandstränden.

Danach wird „Fun" immer größer geschrieben. **Orlando** *(S. 77)* steht ganz im Zeichen von **Disney World** und weiteren Megathemenparks. An der Küste lohnt das **Kennedy Space Center** *(S. 79)*. In **Miami** *(S. 73)* treffen die USA auf die Karibik – und produzieren einen Schmelztiegel, der vor allem nachts kocht und brodelt. Der über Brücken und die Florida Keys führende **Overseas Highway** endet nur einen Katzensprung von Havanna entfernt in **Key West** *(S. 71)*.

Durch die Sumpflandschaft der **Everglades** *(S. 76)* und den **Golf von Mexiko** entlang führt die Tour zum **Mississippi-Delta**. Hier wartet **New Orleans** *(S. 84)* mit einem eher karibischen als amerikanischen Flair. Nach dem Bummel durch das weltberühmte **French Quarter** sollten Sie eine Fahrt durch das **Cajun Country** *(S. 81)* anschließen: Es warten hier schläfrighübsche Dörfer und Sümpfe,in denen Sie Alligatoren begegnen können.

Den Mississippi entlang geht es nach Norden. In **Memphis** *(S. 83)*, der Stadt des Blues, ist die Fahrt nach **Graceland**, dem Anwesen Elvis Presleys, obligatorisch. Stromaufwärts, in **St. Louis** *(S. 86)*, lässt der gewaltige **Gateway Arch** den Fuß vom Gas nehmen. Von hier aus zogen früher die Planwagentrecks nach Kalifornien. Doch für Sie geht es nun auf schnurgeraden Interstates zurück nach Washington.

Von den Hurrikanzerstörungen ist im French Quarter von New Orleans nichts mehr zu spüren

2 NEW YORK, NEUENGLAND UND DIE NIAGARAFÄLLE

Eine Tour voller Kontraste: Von New York reisen Sie nach Boston, „Grande Dame" der Ostküste, und weiter durch Neuengland. Von hier können Sie auch einen Abstecher zu den Niagara Falls machen. Die berühmtesten Wasserfälle der Welt liegen nur eine halbe Tagesreise vom Westen Neuenglands entfernt. Beste Reisezeiten sind Spätsommer und Herbst: In den Straßenschluchten von New York ist es nicht mehr so stickig, das Wetter ist weniger diesig, und während des Indian Summer präsentieren sich die Wälder Neuenglands in einmaliger Farbenpracht. Für die rund 3000 km lange Strecke sollten Sie mindestens 14 Tage vorsehen.

New York City *(S. 47)* ist natürlich eine eigene Reise wert. Doch für diese Tour sollten Sie sich nach drei Tagen losreißen und in den Mietwagen setzen. Auf der I-95 geht es zunächst an der dicht besiedelten Küste Connecticuts entlang zum **Connecticut River Valley** *(S. 33)*. An den Ufern des Unterlaufs liegen verschlafene Dörfer wie **Old Lyme**, **Essex** und **East Haddam** mit schönen Kunstgalerien. In **Newport** *(S. 41)* mit seiner verwinkelten Altstadt und großen Villen sollten Sie übernachten. **New Bedford** *(S. 42)* hingegen ist eine triste Hafenstadt, die jedoch dank ihres hervorragenden **Whaling Museum** die Abfahrt lohnt. Die Halbinsel **Cape Cod** *(S. 38)* war schon immer das Baderesort der New Yorker und Bostoner. Insider Tipp Folgen Sie der historischen Route 6 A mit schönen alten Dörfern. Im alten Walfängerhafen **Provincetown** *(S. 39)* ankerte 1620 die „Mayflower", bevor sie nach Plymouth weitersegelte.

Die Kultur- und Wirtschaftsmetropole **Boston** *(S. 34)* lässt sich gut zu Fuß entdecken. Für Spazierfahrten nach **Salem** *(S. 38)*, **Lexington** und **Concord** *(S. 38)* ist sie eine gute Basis. Zwischen Boston und dem nördlichsten Punkt dieser Tour liegen etliche hübsche Fischerhäfen. Längere Aufenthalte wert sind **Rockport**, **Camden** und **Boothbay Harbor**. Der **Acadia Nat. Park** *(S. 31)*, einziger Nationalpark Neuenglands, besticht mit einer faszinierenden Landschaft. Im nahen **Bar Harbor** können Sie gut speisen und auf Walbeobachtungstour gehen.

Reisen in Neuengland ist zeitaufwendig: Von Ost nach West führen kaum Autobahnen. Nach dem Acadia Nat. Park fahren Sie am besten nach **Portland** zurück und von dort ins Landesinnere. Bald kurven Sie durch winzige Weiler in dichten Wäldern – in der Ferne ragen die Zweitausender der **White Mountains** auf. Den **Mount Washington** *(S. 40)* können Sie sogar mit dem Wagen bezwingen.

Westlich der White Mountains erhebt sich die dicht bewaldete Bergkette der **Green Mountains**. Der berühmte Wintersportort **Stowe** *(S. 42)* ist auch ein guter Ausgangspunkt für Wanderer und Radfahrer. Verschiedene Routen auf beiden Seiten der Berge führen südwärts nach Westmassachusetts. Dort flachen sie zu den **Berkshire Hills** *(S. 33)* ab, bekannt als Refugium betuchter New Yorker und für ihre Kunst- und Kulturfestivals. Entscheiden Sie sich für die **Niagara Falls** *(S. 47)*, fahren Sie südlich von Pittsfield auf die westwärts strebende I-90. Diese bringt Sie in weniger als fünf Stunden zu den rauschenden Fällen.

EIN TAG IN PHILADELPHIA

Action pur und einmalige Erlebnisse.
Gehen Sie auf Tour mit unserem Szene-Scout

GUTEN MORGEN!

8:30

Zum Wachwerden geht's ins *Morning Glory Diner* – hier gibt es nicht nur das beste Frühstück, sondern auch die beste hausgemachte heiße Schokolade der Stadt. **WO?** *735 S. 10th St. | Tel. 215/413-39 99*

10:00

ABENTEUER FÜR DIE SINNE

Riechen, Schmecken, Staunen – mit einem Guide geht es auf Sinnestour durch die Innenstadt. Zu handgemachten Delikatessen wie Schokolade, Käse und Co. gibt's Insidertipps von Ladenbesitzern und Köchen. **WO?** *Reservierung unter Tel. 215/360-19 96 | Mi–Sa | Kosten: 29 $/Person | www.cityfoodtours.com*

RETRO-MEXICO

13:00

Wer nach diesen kulinarischen Anregungen Appetit auf mehr bekommen hat, ist im *Distrito* richtig. Das moderne mexikanische Restaurant von Topkoch Jose Garces geizt nicht mit Reizen: Traditionelle mexikanische Muster treffen auf Retrochic mit viel Pink, Lila und Grün. *Nopales Huarache* bestellen und genießen. Die mexikanische Pizza aus Maismehl belegt mit Nopales-Kaktus, Tomaten und Cotija-Käse ist der Hit. **WO?** *3945 Chestnut St. | Tel. 215/222-16 57 | http://grg-mgmt.com/distritorestaurant.com*

14:30

DUCK TOUR

Schon mal in einem Amphibienfahrzeug gesessen? Dann wird es aber Zeit. Als Bus navigiert es durch den historischen Teil der Stadt, bei Penn's Landing verwandelt sich das Gefährt dann in ein Schiff. Delaware River ahoi! **WO?** *Ride the Ducks, Start: 6th St./Ecke Market St. | Reservierung unter Tel. 877/887-82 25 | Kosten: $26 | www.phillyducks.com*

24 h

SKATEFUN

17:00

Der *FDR Skate Park* ist ein Paradies für Skater: Mit viel Beton und unzähligen Hindernissen – darunter Mauern und Überhänge – ist er eine Herausforderung für alle Könnerstufen. Also ab aufs Skateboard und selbst ausprobieren oder den Cracks bei ihren Sprüngen zusehen. **WO?** *FDR Park, Pattison Ave. und S. Broad St. | www.fairmountpark.org*

20:00

HUMOR & WITZ

Ein bisschen Spaß muss sein: Im *Helium Comedy Club* gibt's Stand-Up-Comedy vom Feinsten. Gleich drei Comedians zeigen in einer Show nacheinander ihr Können – nicht selten sind Größen aus dem Fernsehen dabei. **WO?** *2031 Sansom St. | Tel. 215/496-90 01 | Di–Sa | www.heliumcomedy.com*

KREATIVE KÜCHE

21:30

In der Lounge des *James on 8th* kommen ausgefallene saisonale Kreationen auf den Teller z. B. Entenragout mit Tagliatelle, Orange und Schokolade, die am Tisch frisch drauf geraspelt wird. Dazu schmeckt eine Strongberry Lemonade mit Tequila, Limoncello und frischem Erdbeerpüree **WO?** *824 S 8th St. | Tel. 215/629-49 80 | www.jameson8th.com*

23:00

ABFEIERN

It's Partytime! Im *Silk City* ist die Stimmung heiß. Das altmodische Diner ist der Hotspot für Phillys Szene. Auf dem Mosaikfußboden heißt es tanzen bis in die frühen Morgenstunden – für den richtigen Sound sorgen bekannte DJs. **WO?** *435 Spring Garden St. | Tel. 215/592-88 38 | www.silkcityphilly.com*

> ACTION ZWISCHEN HIMMEL UND ERDE

Der Osten der USA hält, was der fitnessverrückte Westen des Landes verspricht. Egal, ob Gelegenheits- oder Leistungssportler: Hier wird jeder fündig

> Eine abwechslungsreiche Topografie und eine Bevölkerung, die allem Neuen grundsätzlich positiv gegenübersteht und Fitness und Gesundheit religiös verehrt: USA Ost ist ein Freizeitparadies!
Von den bis Juni schneebedeckten White Mountains in New Hampshire bis zu den Koralleninseln der Florida Keys, von der blauen Chesapeake Bay bis zum Mississippi, wo immer sich die Möglichkeit ergibt, wird gewandert, geradelt, gesegelt und geflogen. National und State Parks – auch hier denken die Amerikaner, wie immer, praktisch – schützen nicht nur die Natur. Mit herrlichen Wanderwegen, Aussichtspunkten und Hüttensystemen dienen sie auch der Erbauung der Menschen. Flüsse sind nicht nur Verkehrswege oder -hindernisse, sondern auch Kanu-, Rafting- oder Kajakreviere. Und Dünen und andere Hügel? Dort heben Drachenflieger ab, die hier *Hangglider* ge-

SPORT & AKTIVITÄTEN

nannt werden. Und die Seen, Buchten und Strände laden ein zu Wassersport aller Art.

DRACHENFLIEGEN

Den Alltag zurücklassen und sich in die Lüfte schwingen. In Wochenendkursen lernen Sie die Grundlagen, und bereits nach ein paar Stunden machen Sie die ersten Sätze. Ein besonders schönes Drachenfliegerrevier sind die 30 m hohen Dünen im *Jockey's Ridge State Park* auf den Outer Banks (NC). Wo einst der Flugzeugpionier Orville Wright abhob, betreuen routinierte Fluglehrer die Anfänger. Eine Flugstunde kostet ab 99 $, Tandemflüge ab 129 $. *Kitty Hawk Kites | 3933 S Croatan Hwy., Nag's Head | Tel. 252/441-41 27 | www.kittyhawk.com*

Wer höher hinaus will, ist auf dem *Lookout Mountain* unweit Chattanooga (TN) richtig. Greenhorns können sich bei den Profis einhaken, der Tandemflug kostet 139 $. Insider Tipp *Lookout Mountain Flight Park | 7201 Scenic Hwy., Rising Fawn (GA) | Tel. 706/398-35 41 | www.hangglide.com*

FUNSPORTARTEN

Wo sich die Wochenendcottages zu Resortzentren konzentrieren, können Sie überall die neuesten Wasserfahrzeuge kennenlernen: *Jetskis, Kiteboarding, Parasailing* und aufblasbare Riesenbananen, auf denen Sie sich von Motorbooten durch die Wellen ziehen lassen. Am ehesten treffen Sie Funsportler – natürlich – in Florida.

GOLF

Greens gibt es nahezu überall in den USA. Schöne ganzjährig bespielbare Plätze liegen in den Carolinas und überall im Sunshine State. Aktuelle Informationen über Golfen in Florida kann bei *Tee Times USA* abgefragt werden. *Tel. 888/465-33 56 | www.teetimesusa.com*

KANU, KAJAK & RAFTING

Wo die Verhältnisse es zulassen – oder auch nicht – werden Sie Kanus und Kajaks antreffen. *Seakayaking* gehört zu den Topaktivitäten am Meer. Verleiher gibt es in allen Badeorten zwischen Bar Harbor (ME) und Key West (FL). Die schönsten Seakayakingreviere: die *Frenchman Bay* vor Bar Harbor, die *Narragansett Bay* vor Newport (RI), rund um *Annapolis* (ML), die Buchten von *Mackinac Island* (MI) im *Lake Michigan* und die *Florida Keys* (FL).

Idyllische Kanureviere in Neuengland sind die Flüsse *Battenkill* und *Winooski* in Vermont, erfahrene Kanuten bevorzugen den ungezähmten *Kennebec* und den *Allagash* in Nordmaine. Wahre Kanuparadiese in North und South Carolina sowie Georgia sind die Flüsse *Ocoee, Chattooga, Chestatee* und *Etowah*. Profilierte Veranstalter: *Battenkill Canoe | 6328 Historic Rte. 7A, Arlington (VT) | Tel. 802/362-28 00 | www.battenkill.com;*

Unendlich viele Greens und sonniges Wetter machen Florida zum Golferparadies

SPORT & AKTIVITÄTEN

Ocoee Adventure Center | Tagestrip 100 $ | Rte. 1, Copperhill (TN) | Tel. 423/496-44 30 | www.ocoeeadventurecenter.com

Zu den beliebtesten Raftingrevieren gehören in Maine die Flüsse *Allagash* und *Kennebec* sowie in Georgia der *Chattooga River.* Über lokale Raftingveranstalter informieren die Fremdenverkehrsämter.

RADWANDERN & MOUNTAINBIKING

Amerikaner denken bei „Radwandern“ sofort an Vermont im Indian Summer. Die hügelige Bilderbuchlandschaft der *Green Mountains* begeistert alle Freunde gemächlicher Radtouren. Ein anderes Radelrevier in Neuengland ist die Dünenlandschaft rund um Provincetown auf *Cape Cod* (MA). Radverleihe gibt es in allen größeren Orten. Auch Fans der härteren Gangart kommen auf ihre Kosten. In Neuengland sind die Skireviere *Killington* und *Stowe* den Sommer über populäre Mountainbikegebiete. In *Georgia* und den *Carolinas* fordern technisch anspruchsvolle *single tracks* die Könner heraus. Infos: *New England Mountainbike Association | Acton (MA) | Tel. 1-800-576-36 22 | www.nemba.org;* in Georgia und den Carolinas: *www.singletracks.com*

TAUCHEN

Die *Florida Keys* (FL) sind *das* Taucherziel im Osten. Aquarien allerorten zeigen, was Sie unter der Wasseroberfläche erwartet. Ausrüster gibt es in nahezu jedem Ort, Tauchtouren finden täglich statt. Schnorcheln, die Alternative für Unterwassernovizen, ist Bestandteil fast jeder Cruise an Bord schnittiger Segler und Katamarane. Besonders schön ist es rund um *Key West* und *Islamorada. www.fla-keys.com/diving*

WANDERN

Die von Georgia bis hinauf nach Kanada ziehenden *Appalachen* sind das beste Hikerrevier im Osten. In Neuengland bieten sie mit den rauen, bis 2000 m hohen *White Mountains* und den etwas niedrigeren *Green Mountains* gleich zwei Herausforderungen für Wanderer. Legendenstatus genießt der 3000 km lange *Appalachian Trail,* Amerikas berühmtester Fernwanderweg *(Infos: Appalachian Trail Conference | Harpers Ferry (VA) | Tel. 304/535-63 31 | www.atconf.org).* Pro Jahr schaffen ihn nur wenig mehr als Hundert so genannter *Thru-Hiker.* In den White Mountains hegt und pflegt der *Appalachian Mountain Club* Insider Tipp ein weites Trailnetz und unterhält bewirtschaftete Hütten und einfache *shelter (AMC Main Office | 5 Joy St., Boston (MA) | Tel. 617/523-06 36 | www.outdoors.org).*

Populär ist auch der die Green Mountains der Länge nach durchziehende *Long Trail* von Massachusetts bis nach Kanada *(Infos: Green Mountain Club | 4711 Waterbury-Stowe Rd., Waterbury Center (VT) | Tel. 802/244-70 37 | www.greenmountainclub.org).*

Weiter südlich wartet der *Great Smoky Mountains Nat. Park* (NC/TN) mit schönen Tageswanderungen auf. Vor allem links und rechts des *Blue Ridge Parkway* beginnen etliche Trails zu unvergesslichen Aussichten.

FUN, FUN, FUN

Amerikas Osten bietet Kurzweil für alle Altersgruppen

> Die Entfernungen in den USA sind riesig. Doch die Amerikaner, so geschäftstüchtig wie kinderlieb, haben ihren Staat mit gigantischen Vergnügungsparks, Minigolfanlagen und Aquarien überzogen. Und in National und State Parks werden Kanus, Mountainbikes, Pferde und Surfbretter ausgeliehen.

NEUENGLAND

WALBEOBACHTUNG [125 E–F 3–5]

Von Juni bis Oktober pflügen die Blau-, Buckel- und Finnwale durch die Atlantikfluten. Die besten *Whale Watching*-Touren werden in *Provincetown, Boothbay Harbor* und *Bar Harbor* angeboten. *Vor Ort unübersehbare Schilder der Veranstalter*

Insider Tipp WHYDAH MUSEUM [125 E5]

In dem kleinen Museum auf der MacMillan Wharf sind Teile des 1717 vor Cape Cod gesunkenen Piratenschiffs „Whydah" wie Münzen des Schatzes, Waffen und die Schiffsglocke zu sehen. *Tgl. 10–17 Uhr, Juli/Aug. 10–20 Uhr | Erw. 8 $, Kinder 6 $ | MacMillan Wharf, Provincetown (MA)*

MITTLERE ATLANTIKSTAATEN

INTERNATIONAL SPY MUSEUM [129 E1]

Das erste Museum der Welt über die mysteriöse Welt der Spione. Zu sehen: Abhörgeräte aller Art und Ausstellungen über die „Stars" der Zunft. *Tgl. 10 bis 18/19 Uhr | Eintritt 18 $ | 800 F St. NW, Washington D.C. | www.spymuseum.org*

PHILADELPHIA ZOO [124 B6]

Ein Tag reicht nicht: Amerikas ältester Zoo zeigt 1400 Tiere und bietet Ballonfahrten, einen See zum Paddeln und etliche interessante Ausstellungen. *Tgl. 9.30–17 Uhr | Eintritt 18 $ | Fairmont Park, 34th St. und Girard Av., Philadelphia | www.philadelphiazoo.org*

PLEASE TOUCH MUSEUM [124 B6]

Riesiger interaktiver Spielplatz: Wie was funktioniert, die Kids lernen es spielend. *Mo–Sa 9–17, So 11–17 Uhr | Eintritt 15 $*

> MIT KINDERN REISEN

| *Memorial Hall, Fairmount Park, 4231 Av. of the Republic, Philadelphia* | *www.pleasetouchmuseum.org*

FLORIDA

MIAMI SEAQUARIUM [133 D5]

Maritimer Themenpark mit Delphin-, Seelöwen- und Orca-Shows. *Tgl. 9.30 bis 18 Uhr | Eintritt 36 $ | 4400 Rickenbacker Causeway, Key Biscayne | www.miamiseaquarium.com*

MISSISSIPPI-TAL

PUTT-PUTT FAMILY PARK [130 C2]

Spaß für die ganze Familie auf dem mit 54 Löchern wohl größten Minigolfplatz des Ostens. *Tgl. 8–16 Uhr | Tickets ab 6,75 $ | im Golf and Games Family Park | 5484 Summer Av., Memphis | www.golfandgamesmemphis.com*

Insider Tipp **WILDLIFE GARDENS** [130 B6]

In der Sonne dösen Alligatoren, im Palmettodickicht stellen Wildkatzen Rebhühnern nach. Auf Plankenwegen kann man das Sumpfgelände trockenen Fußes erforschen – und tolle Tierbilder aus sicherer Entfernung schießen. *Di–Sa 9–17 Uhr | Erw. 8 $, Kinder 3,25 $ | 5306 N Bayou Dr., Gibson (LA) | 40 km südöstlich von New Orleans*

DIE GROSSEN SEEN

CEDAR POINT AMUSEMENT PARK [123 D5]

Park mit den weltweit meisten Achterbahnen – nämlich 17 Stück. Unnötig zu sagen, dass alle *thrill rides* technisch der letzte Schrei sind. Dazu Entertainment jeglicher Art. *Tgl. 10–20 Uhr | Eintritt 20–72 $ | 1 Cedar Point Dr., Sandusky (unweit Cleveland) | www.cedarpoint.com*

BIELD MUSEUM OF NATURAL HISTORY [122 A5]

In den riesigen Hallen des Naturkundemuseums stehen Dinosaurierskelette, darunter ein haushoher T-Rex namens „Sue". Tolle Ausstellung auch zum Leben der Dinos. *Tgl. 9–17 Uhr | Erw. 10 $, Kinder 5 $ | 1400 S Lake Shore Dr., Chicago (IL)*

> VON ANREISE BIS ZOLL

Urlaub von Anfang bis Ende: die wichtigsten Adressen und Informationen für Ihre Reise in den Osten der USA

ANREISE

Boston, New York, Philadelphia, Atlanta, Orlando, Miami und Chicago sind die wichtigsten Flughäfen für Flüge aus Europa. Alle großen Airlines, darunter *Lufthansa, Delta Airways, British Airways* und *United Airlines,* fliegen sie täglich an. Die Flugpreise variieren je nach Reisezeit und Wochentagen. Generell lässt sich davon ausgehen, dass innerhalb der Woche und außerhalb der Hauptreisezeiten wie Weihnachten, Ostern, Sommer- und Herbstferien gültige Tickets erheblich preiswerter sein können. Verbindungsflüge innerhalb der USA lassen sich in der Regel günstiger von daheim aus buchen.

AUSKUNFT

Es gibt leider kein für die gesamten USA zuständiges Fremdenverkehrsamt. Jeder Bundesstaat, jede touristisch interessante Stadt oder Region unterhält in Europa eine eigene Präsenz. Inzwischen gibt es jedoch die zentrale Service-Nr. *0700-84 74 88 72 (12 Cent/Minute),* unter der Sie konkrete Auskunftsstellen in Deutschland genannt bekommen. Unter *www.usa.de* gibt es ausführliche Infos über jeden einzelnen der Bundesstaaten im Osten der USA.

AUTO

Das amerikanische Straßennetz gehört zu den besten der Welt. Die *Tem-*

> WWW.MARCOPOLO.DE

Ihr Reise- und Freizeitportal im Internet!

> Aktuelle multimediale Informationen, Insider-Tipps und Angebote zu Zielen weltweit ... und für Ihre Stadt zu Hause!

> Interaktive Karten mit eingezeichneten Sehenswürdigkeiten, Hotels, Restaurants etc.

> Inspirierende Bilder, Videos, Reportagen

> Kostenloser 14-täglicher MARCO POLO Podcast: Hören Sie sich in ferne Länder und quirlige Metropolen!

> Gewinnspiele mit attraktiven Preisen

> Bewertungen, Tipps und Beiträge von Reisenden in der lebhaften MARCO POLO Community: *Jetzt mitmachen und kostenlos registrieren!*

> Praktische Services wie Routenplaner, Währungsrechner etc.

Abonnieren Sie den kostenlosen MARCO POLO Newsletter ... wir informieren Sie 14-täglich über Neuigkeiten auf marcopolo.de!

Reinklicken und wegträumen!
www.marcopolo.de

> MARCO POLO speziell für Ihr Handy! Zahlreiche Informationen aus den Reiseführern, Stadtpläne mit 100 000 eingezeichneten Zielen, Routenplaner und vieles mehr.
mobile.marcopolo.de (auf dem Handy)
www.marcopolo.de/mobile (Demo und weitere Infos auf der Website)

PRAKTISCHE HINWEISE

polimits betragen 55 Meilen/h (88 km/h) auf Landstraßen, 35 Meilen/h (50 km/h) in Ortschaften und 65–75 Meilen/h (105–120 km/h) auf Autobahnen *(Interstates)* und werden vor allem in Ballungsgebieten streng kontrolliert. Die *Verkehrsregeln* sind weitgehend identisch. Ausnahmen: An Ampeln darf bei Rot rechts abgebogen werden, und auf Autobahnen können Sie auch rechts überholen. An so genannten *4-way-stops* (Kreuzungen mit vier Stoppzeichen) hat derjenige Vorfahrt, der zuerst die Kreuzung erreicht. Unbedingt einzuhalten sind die Gebote rund um die gelben Schulbusse. Diese dürfen bei blinkender Warnanlage auch vom entgegenkommenden Verkehr nicht passiert werden.

In den Großstädten sind kostenfreie *Parkplätze* eine Rarität. Parkhäuser sollten Sie den von etlichen Ge- und Verbotsschildern gezierten Parkplätzen vorziehen, denn die Abschleppdienste sind allgegenwärtig und extrem teuer. Bei einer *Panne* können ADAC-Mitglieder mit kostenloser Hilfe der *American Automobile Association (AAA)* rechnen (Mitgliedsausweis!).

BANKEN, KREDITKARTEN & GELD

Banken sind Mo–Fr 9–15 Uhr und in den Großstädten oft auch samstagvormittags geöffnet. Dort können Sie Reiseschecks (ausgestellt auf US-Dollar) einlösen und – in Großstädten mit nennenswertem Tourismus – Fremdwährung gegen Dollar eintauschen. Gut vertreten sind auch Bankautomaten für EC- und Kreditkarten.

WÄHRUNGSRECHNER

€	US$	US$	€
1	1,30	1	0,77
2	2,60	2	1,54
3	3,90	3	2,30
5	6,50	5	3,85
7	9,10	7	5,40
10	13,00	10	7,70
25	32,50	25	19,25
75	97,50	75	57,70
100	130,00	100	77,00

Unterwegs sollten Sie *Bargeld* (für kleinere Einkäufe), *Reiseschecks* (als Reisekasse) und *Kreditkarte* (für Hotels und Restaurants, Mietwagen und zum Tanken) mit sich führen. *Visa, Diners Club* und *Mastercard* sind am gängigsten.

Die amerikanische Währung ist der Dollar (= 100 Cent). Es gibt Banknoten zu 1, 2, 5, 10, 20, 50 und 100 Dollar sowie Münzen zu 1 *(penny),* 5 *(nickel),* 10 *(dime),* 25 *(quarter)* und 50 Cent.

BUS

Das klassische Transportmittel für Rucksackreisende sind die Busse des legendären Überlandunternehmens *Greyhound.* Auskünfte über Preise,

Sonderangebote und das Streckennetz gibt es bei *ISTS-Reisen* in München *(Tel. 089/27 27 10)*, beim *WTC Reisebüro* in Wien *(Tel. 01/895 74 27)* bei *Promar* in Zürich *(Tel. 01/295 59 60)* und auf der Greyhoundhomepage *www.greyhound.com*. Links zu den Fahrplänen der regionalen Busgesellschaften unter *www.usa.de*.

CAMPING

Zahlreiche Campingplätze liegen am Stadtrand oder entlang viel befahrener Highways und Interstates. Die schönsten Plätze finden Sie aber in den National und State Parks. Sie sind in der Regel mit Waschräumen, Toiletten und einem Laden ausgerüstet und bieten – je nach Lage – Gelegenheit zum Schwimmen, Paddeln oder Wandern. Die Übernachtungspreise hängen von der Ausstattung des Campingplatzes ab und liegen bei 10–40 $. Ein gleich bleibendes Niveau garantieren die zur KOA-Kette gehörenden Plätze.

DIPLOMATISCHE VERTRETUNGEN

DEUTSCHE BOTSCHAFT
4645 Reservoir Rd., NW Washington D.C. | Tel. 202/298-40 00 | www.germany.info/relaunch/index.html

ÖSTERREICHISCHE BOTSCHAFT
3524 International Court NW, Washington D.C. | Tel. 202/895-67 00 | www.austria.org

SCHWEIZER BOTSCHAFT
2900 Cathedral Av. NW, Washington D.C. | Tel. 202/745-79 00 | www.swissemb.org

EINREISE

EU-Staatsbürgern genügt für einen Aufenthalt bis zu 90 Tagen der rote, maschinenlesbare Europapass, gültig mindestens bis zur gebuchten Ausreise. Seit Oktober 2005 werden Reisepässe mit digitalem Foto ausgestellt. Vorher ausgestellte Pässe ohne digitales Fotos werden akzeptiert, solange sie maschinenlesbar sind. Familien benötigen für jedes einzelne Familienmitglied (auch für Babys) einen eigenen Pass. Seit Januar 2009 gilt darüber hinaus das Elektronische Reisegenehmigungsverfahren *Esta*, ein vom *Department of Homeland Security* auf den Weg gebrachtes, automatisiertes System zur Überprüfung der Einreiseberechtigung. Diese Online-Registrierung ist seit Januar zwingend für alle visafrei Einreisenden aus Deutschland, Österreich und die Schweiz und muss bis spätestens

WAS KOSTET WIE VIEL?

KAFFEE	**AB 1,35 EURO** für einen „regular coffee“
BIER	**3,50 EURO** für ein Glas Bier
SNACK	**AB 2,70 EURO** für ein Sandwich
MENÜ	**AB 22 EURO** für ein dreigängiges Menü
BENZIN	**CA. 50 CENT** pro Liter normal *(www.gasbuddy.com)*
MUSEEN	**4,50–18 EURO** für eine Eintrittskarte

72 Stunden vor Reiseantritt online beantragt werden. Eine *Esta*-Genehmigung berechtigt allerdings noch nicht zum Eintritt. Die endgültige Entscheidung trifft der Zollbeamte. Eine deutsche Version des *Esta*-Genehmigungsverfahrens gibt es unter *https://esta.cbp.dhs.gov*. Weitere Informationen finden sich online unter *http://german.germany.usembassy.gov/germany-ger/visa/esta-faqs.html*

GESUNDHEIT

Besondere Impfungen sind für die USA nicht vorgeschrieben. Verschreibungspflichtige Medikamente für den persönlichen Gebrauch dürfen eingeführt werden. Das Gesundheitswesen in den USA ist gut, aber teuer (Auslandskrankenversicherung abschließen!). Vor Ort können Medikamente in der *pharmacy* und im *drugstore* gekauft werden.

INTERNET

Florida: *www.visitflorida.com, www.miamiherald.com*
Florida Keys: *www.fla-keys.com*
Georgia: *www.georgia.org*
Illinois: *www.enjoyillinois.com*
Louisiana: *www.louisianatravel.com*
Maryland: *www.mdisfun.org*
Massachusetts: *www.massvacation.com*
Neuengland: *www.discovernewengland.org*
Pennsylvania: *www.visitpa.com*
South Carolina: *www.discoversouthcarolina.com*
North Carolina: *www.visitnc.com*
Tennessee: *www.tnvacation.com*
Virginia: *www.virginia.org*
Washington D.C.: *www.washington.org*

INTERNETCAFÉS & WLAN

Internetcafés sind in den USA inzwischen eine aussterbende Art. Cafés, Restaurants, Flughäfen, Hotels, Bahnhöfe, Büchereien und die meisten anderen, öffentlich frequentierten Orte gehen immer mehr davon aus, dass man mit dem eigenen Laptop *wireless* unterwegs ist. In der Regel weist ein kleiner Sticker im Schaufenster darauf hin. Hat man Glück, ist die Benutzung gratis.

KLIMA & REISEZEIT

Die gewaltigen Dimensionen des Landes bringen extreme Klimaunterschiede mit sich. *Neuengland* genießt warme Sommer, kalte, schneereiche Winter und im Herbst den wegen seiner Laubfärbung berühmten *Indian Summer*. Hier ist wegen der Schneeschmelze einzig vom Frühjahr als Reisezeit abzuraten. *New York City* hingegen ist ein Ziel für jede Jahreszeit, allerdings kann der Hochsommer in der Stadt drückend schwül werden. Das ganze Jahr hindurch finden Sie auch in den *Südstaaten* und im *Mississippi-Tal* ein angenehmes Klima, wobei es in den Küstenniederungen und am Golf von Mexiko schwül-heiß werden kann. Frühjahr und Herbst sind hier die empfehlenswerten Reisezeiten. Das Gebiet der *Großen Seen* sollten Sie wegen des ausgeprägten Kontinentalklimas am besten während der Sommermonate bereisen, wohingegen für *Florida* der Winter die Hauptreisezeit ist.

MASSE & GEWICHTE

1 inch = 2,54 cm, 1 foot = 30,48 cm, 1 mile = 1,61 km, 1 pint = 0,5 l, 1 gallon = 3,79 l, 1 pound = 453,6 g

33° F. = 0° C., 50° F. = 10° C., 68° F. = 20° C., 95° F. = 35° C.
Bekleidungsgrößen Damen:
6 = 36, 8 = 38, 10 = 40, 12 = 42 etc.
Bekleidungsgrößen Herren:
36 = 46, 38 = 48, 40 = 50 etc.

MEHRWERTSTEUER

Achtung beim Shoppen: An der Kasse wird stets zusätzlich die Mehrwertsteuer *(sales tax)* aufgeschlagen. Sie variiert von Bundesstaat zu Bundesstaat und kann bis zu 7 Prozent betragen.

MIETWAGEN

Zur Automiete genügt der nationale Führerschein. Kleinere Firmen – und Streifenpolizisten in ländlichen Gegenden – verlangen manchmal auch den internationalen Führerschein. In der Regel ist es günstiger, den Wagen bereits im Reisebüro von zu Hause aus zu buchen, Steuern und Versicherungen sind dann inklusive. Beim Mieten vor Ort wird die Vollkaskoversicherung *(loss/damage waiver)* zusätzlich mit mindestens 20 $ pro Tag berechnet. Mietwagen werden in den Kategorien *small, midsize* und *full size* angeboten, die Preise pro Tag beginnen bei 26 $ bzw. 187 $ pro Woche. Das Mindestmietalter ist 21, in manchen Staaten 25 Jahre. Wollen Sie den Wagen an einem anderen Ort abgeben, müssen Sie mit einer *drop-off-charge,* mit der die Firma ihre Rückführkosten ausgleicht, rechnen.

NOTRUF

Fast überall in den USA gilt gebührenfrei von jedem Telefon die Notrufnummer 911. Im Zweifelsfall wenden Sie sich an den *Operator:* 0 wählen.

POST

Postämter haben Mo–Fr 9–17 Uhr geöffnet, größere auch Sa 8.30–12

WETTER IN WASHINGTON

	Jan.	Feb.	März	April	Mai	Juni	Juli	Aug.	Sept.	Okt.	Nov.	Dez.
Tagestemperaturen in °C	7	8	13	18	24	29	31	29	26	20	14	8
Nachttemperaturen in °C	-2	-2	2	7	13	18	20	19	16	9	4	-1
Sonnenschein Std./Tag	4	6	7	7	8	9	9	8	8	6	5	4
Niederschlag Tage/Monat	7	9	9	8	8	7	7	7	6	5	6	6
Wassertemperaturen in °C	3	3	8	14	21	25	28	28	25	18	12	5

Uhr. Ein Luftpostbrief nach Europa kostet 84, eine Postkarte 50 Cent.

STROM

Die Netzspannung beträgt 110 V, für alle mitgebrachten Elektroartikel ohne automatische Umschaltung ist ein Adapter nötig.

TELEFON & HANDY

Alle Telefonnummern in den USA sind siebenstellig. Für Ferngespräche wird die dreistellige Vorwahl *(area code)* des Ortes vorgewählt. Bei Ortsgesprächen wählen Sie nur die Nummer, bei Ferngesprächen innerhalb eines Vorwahlbereichs lediglich eine *1* vor der Nummer. Vorwahl nach Deutschland: *01149,* in die Schweiz: *01141,* nach Österreich: *01143,* danach die Ortsvorwahl ohne die *0* und dann die Rufnummer. Vorwahl in die USA: *001.*

Ortsgespräche aus der Telefonzelle kosten 25–35 Cent und sind zeitlich unbegrenzt. Bei Ferngesprächen teilt eine Computerstimme die Gebühr für die ersten drei Minuten mit. Für Telefonate vom Hotelzimmer aus werden horrende Gebühren berechnet! Preiswerter ist es mit einer Telefonkreditkarte (z.B. *AT&T Telephone Card),* die europäische Kreditkarteninhaber kostenlos beantragen können. Die Gespräche werden dann direkt über die Kreditkarte abgerechnet. Sie können beim *Operator,* wählbar unter *0,* auch einen *collect call* (R-Gespräch) beantragen. Zudem gibt es in den USA die kostenlosen Nummern mit der Vorwahl *800, 866, 877* oder *888,* über die Sie Hotels oder Mietwagen reservieren können.

Wer mobil telefonieren möchte, sollte sich bei seinem Netzbetreiber nach Roamingabkommen mit amerikanischen Partnern erkundigen. Wegen unterschiedlicher Standards funktionieren unter Umständen ältere Handymodelle nicht.

TRINKGELD

Trinkgeld heißt auf amerikanisch *tip* und ist nicht im Preis enthalten. In Restaurants lässt man daher 15 Prozent des Rechnungsbetrags vor Steuern auf dem Tisch liegen. Zimmermädchen bekommen mindestens 1 $ pro Tag bzw. 5 $ pro Woche. Gepäckträger rechnen mit 1 $ pro Gepäckstück, Taxifahrer mit 15 Prozent der zu zahlenden Fahrkosten.

ZEITZONEN

Neuengland, Ostküste und Florida haben *Eastern Time* (MEZ –6 Stunden). Für das Mississippi-Tal und von Chicago aus westwärts gilt hingegen die *Central Time* (MEZ –7 Stunden). Sommerzeit: 2. Märzsonntag bis 1. Novembersonntag.

ZOLL

Pflanzen, Wurst, Obst und andere frische Lebensmittel dürfen nicht in die USA eingeführt werden. Erlaubt sind pro Erwachsenen 200 Zigaretten oder 50 Zigarren oder 2 kg Tabak sowie 1,1 l Spirituosen, dazu Geschenke bis zu einem Wert von 100 $. In die EU und die Schweiz zollfrei mitgebracht werden dürfen: 1 l Spirituosen, 200 Zigaretten oder 50 Zigarren, 50 g Parfüm oder 250 g Eau de Toilette und andere Artikel im Gesamtwert von 430 Euro/300 Franken. *www.zoll.de, www.ezv.admin.ch*

> DO YOU SPEAK AMERICAN ENGLISH?

„Sprichst du Englisch?" Dieser Sprachführer hilft Ihnen, die wichtigsten Wörter und Sätze auf Englisch zu sagen

Aussprache

Zur Erleichterung der Aussprache sind alle englischen Begriffe und Wendungen mit einer einfachen Aussprache (in eckigen Klammern) versehen. Folgende Zeichen sind Sonderzeichen:

ə nur angedeutetes „e" wie in bitte
θ [s] gesprochen mit der Zungenspitze zwischen den Zähnen
' die nachfolgende Silbe wird betont

AUF EINEN BLICK

Ja./Nein.	Yes. [jäs]/Yeah. [jie]/No. [no]
Vielleicht.	Perhaps. [pö'häps]/Maybe. ['mäibih]
Bitte.	Please. [plihs]
Danke.	Thank you. ['θänkju]
Vielen Dank!	Thank you very much. ['θänkju 'wäri 'matsch]
Gern geschehen.	You're welcome. [jər 'wälkəm]
Entschuldigung!	Excuse-me! [iks'kjuhs 'mih]
Wie bitte?	Pardon? ['paərdn]
Ich verstehe Sie/dich nicht.	I don't understand. [ai dont andö'ständ]
Ich spreche nur wenig …	I only speak a little … [ai 'onli spihk ə litl]
Können Sie mir bitte helfen?	Can you help me, please? ['kən ju 'hälp mi plihs]
Ich möchte …	I'd like … [aid'laik]
Das gefällt mir (nicht).	I (don't) like this. [ai (dont) laik‿θis]
Haben Sie …?	Do you have …? [du ju 'häw]
Wie viel kostet es?	How much is this? ['hau'matsch is θis]
Wie viel Uhr ist es?	What time is it? [wət 'taim is it]

KENNENLERNEN

Guten Morgen!	Good morning! [gud 'moərning]
Guten Tag!	Good afternoon! [gud äftö'nuhn]
Guten Abend!	Good evening! [gud 'ihwning]
Hallo! Grüß dich!	Hello! [hə'lo]/Hi! [hai]
Mein Name ist …	My name's … [mai näims …]
Wie ist Ihr/Dein Name?	What's your name? [wots joər 'näim]
Wie geht es Ihnen/dir?	How are you? [haur'ju]
Danke. Und Ihnen/dir?	Fine thanks. And you? ['fain θänks, ənd 'ju]

SPRACHFÜHRER ENGLISCH

Auf Wiedersehen!	Goodbye!/Bye-bye! [gud'bai/bai'bai]
Tschüss!	See you!/Bye! [sih ju/bai]
Bis bald!	See you later! [sih ju 'lätər]
Bis morgen!	See you tomorrow! [sih ju tə'məro]

UNTERWEGS

AUSKUNFT

links/rechts	left [läft]/right [rait]
geradeaus	straight ahead [sträit 'əhäd]
nah/weit	near [niər]/far [faər]
Bitte, wo ist …	Excuse me, where's …, please? [iks'kjuhs 'mih 'weərs … plihs]
… der (Bus-) Bahnhof?	…the train/bus station … [θə'träən/bass 'stäischn]
… die U-Bahn?	… the subway … [θə 'sabwä]
… der Flughafen?	… the airport … [θə 'erpoht]
Wie weit ist das?	How far is it? ['hau 'far‿is‿it]
Ich möchte ein Auto mieten.	I'd like to rent a car. [aid'laik tə 'ränt ə 'kaər]

AUTO

Ich habe eine Panne.	My car's broken down. [mai 'kaərs 'brokn 'daun]
Gibt es hier in der Nähe eine Werkstatt?	Is there a service station nearby? ['is θeə‿ə 'söəwis stäischn 'nirbai]
Wo ist die nächste Tankstelle?	Where's the nearest gas station? ['weəs θə 'niərist 'gäs stäischn]
Ich möchte … Liter/ Gallonen [3,7l] …	… liters/gallons of … ['lihtərs/gäləns əw]
… Normalbenzin.	… regular, [regjulər]
… Super.	… premium, [primium]
… Diesel.	… diesel, ['dihsl]
… bleifrei/verbleit.	… unleaded/leaded, please. [an'lädid/'lädid plihs]
Voll tanken, bitte.	Full, please. ['full plihs]

UNFALL

Hilfe!	Help! [hälp]
Achtung!	Attention! [ə 'tänschn]
Vorsicht!	Look out! ['luk 'aut]

Rufen Sie bitte …	Please call … ['plihs 'kahll]
… einen Krankenwagen.	… an ambulance. [ən 'ämbjuləns]
… die Polizei.	… the police. [θə pə'lihs]
Es war meine Schuld.	It was my fault. [it wəs 'mai 'fahllt]
Es war Ihre Schuld.	It was your fault. [it wəs 'johər 'fahllt]
Geben Sie mir bitte Ihren Namen und Ihre Anschrift.	Please give me your name and address. [plihs giw mi joər 'näim ənd ə'dräs]

ESSEN/UNTERHALTUNG

Wo gibt es hier ein gutes Restaurant?	Is there a good restaurant here? ['is θeər ə 'gud 'rästərahnt 'hiər]
Reservieren Sie uns bitte für heute Abend einen Tisch für vier Personen.	Would you reserve us a table for four for this evening, please? ['wud ju ri'söhw əs ə 'täibl fə 'fohr fə θis 'ihwning plihs]
Auf Ihr Wohl!	Cheers! [tschiərs]
Bezahlen, bitte.	Could I have the check, please? ['kud ai häw θə tschek plihs]
Wo sind bitte die Toiletten?	Where are the restrooms, please? ['weərə θə 'restruhms plihs]

EINKAUFEN

Wo finde ich …	Where can I find … ['weər 'kən‿ai 'faind]
… eine Apotheke?	… a pharmacy? [ə farməssi]
… eine Bäckerei?	… a bakery? [ə bəikəri]
… ein Kaufhaus?	… a department store? [ə di'partmənt stoər]
… ein Lebensmittelgeschäft?	… a supermarket/grocery store? [ə 'supər 'mahrkət/grosri stoər]

ÜBERNACHTUNG

Können Sie mir bitte … empfehlen?	Could you recommend …, please? [kud ju ‚räkə'mänd … plihs]
… ein Hotel/Motel …	… a hotel/motel …[ə ho'täl/mou'təl]
… eine Pension …	… a B&B (bed & breakfast) … [ə bin bi (bed‿n 'bräkfəst)]
Ich habe bei Ihnen ein Zimmer reserviert.	I've reserved a room. [aiw ri'söhwd‿ə 'ruhm]
Haben Sie noch …	Do you have … [du ju häw]
… ein Einzelzimmer?	… a room for one? [ə ruhm fə wan]
… ein Doppelzimmer?	… a room for two? [ə ruhm fə tu]
… mit Dusche/Bad?	… with a shower/bath? [wiθ ə 'schauər/'bähθ]
Was kostet das Zimmer mit Frühstück?	How much is the room with breakfast? ['hau 'matsch is θə ruhm wiθ 'bräkfəst]

PRAKTISCHE INFORMATIONEN

ARZT

Können Sie mir einen guten Arzt empfehlen?	Can you recommend a good doctor? [kən ju räkə'mänd ə gud 'daktər]
Ich brauche einen Zahnarzt.	I need a dentist. [ai nied ə 'dentist]
Ich habe hier Schmerzen.	I feel some pain here. [ai fihl səm päin 'hiər]
Ich habe Fieber.	I've got a temperature. [aiw got ə 'tämpritschə]
Rezept	prescription [prə'skripschn]
Spritze	injection/shot [in'dschekschn/schat]

BANK

Wo ist hier bitte eine Bank?	Where's the nearest bank? [weərs θə 'niərist bänk]
Bankautomat	teller machine [telər maschin]
Ich möchte … Euro (Schweizer Franken) in Dollar wechseln.	I'd like to change … Euro (Swiss francs) into dollars. [aid laik tə tschäinsch … juro ('swis 'fränks) 'intə 'dahllərs]

POST

Was kostet …	How much is … ['hau 'matsch is]
… ein Brief …	… a letter … [ə 'lädər]
… eine Postkarte …	… a postcard … [ə postkahrd]
… nach Europa?	… to Europe? [tə 'juroup]

ZAHLEN

0	zero [siəro]	15	fifteen ['fif'tihn]	70	seventy ['säwnti]
1	one [wan]	16	sixteen ['siks'tihn]	80	eighty ['äiti]
2	two [tuh]	17	seventeen ['säwn'tihn]	90	ninety ['nainti]
3	three [θrih]	18	eighteen ['äi'tihn]	100	a (one) hundred ['ə (wan) 'handrəd]
4	four [fohr]	19	nineteen ['nain'tihn]	1000	a (one) thousand ['ə (wan) 'θausənd]
5	five [faiw]	20	twenty ['twänti]	10000	ten thousand ['tän 'θausənd]
6	six [siks]	21	twenty-one ['twänti'wan]	1/2	a half [ə 'hähf]
7	seven ['säwn]	30	thirty ['θöhti]	1/4	a (one) quarter ['ə (wan) 'kwohrtər]
8	eight [äit]	40	forty ['fohrti]		
9	nine [nain]	50	fifty ['fifti]		
10	ten [tän]	60	sixty ['siksti]		
11	eleven [i'läwn]				
12	twelve [twälw]				
13	thirteen [θöh'tihn]				
14	fourteen ['foh'tihn]				

Clearwater Beach in Florida

> UNTERWEGS IN USA OST

Die Seiteneinteilung für den Reiseatlas finden Sie auf dem hinteren Umschlag dieses Reiseführers

REISE ATLAS

A
B
C
1
2
3
4
5
6
50 miles
100 km
Wheelers Point
Bergland
Rainy River
Baudette
Red Lake Wildlife Management Area
Emo
Pelland
Fort Frances
International Falls
Little Fork
Mine Centre
Voyageurs Nat. P.
Otukamamoan L.
Atikokan
Quetico
Quetico Prov. Park
Upsala
Lac des Mille Lacs
Kashabowie
Shabaqua Corners
Kakabeka Falls
Finmark
Conmee
THUNDER BAY
Silver Islet
Pie Is.
Ft. William Hist. P.
Grand Portage
Grand Portage Ind. Res.
Gd. Portage Nat. Mon.
Grand Marais
Northern Light L.
Basswood L.
Pelikan L.
Vermilion L.
Ely
Red Lake Ind. Res.
Upper Red Lake
Lower Red Lake
Big Falls
Margie
Redby
Funkley
Northome
Bois Forte Ind. Res.
Effie
Togo
Cook
Tower
Vermilion Range
Mesabi Range
Isabella
Chisholm
Hibbing
Virginia
Eveleth
Fairbanks
Finland
Illgen City
Leech Lake Ind. Res.
Winnibigoshish L.
Bemidji
P. Bunyan & Blue Ox Statue
Cass Lake
Bena
Deer River
Nashwauk
Grand Rapids
Walker
Akeley
Remer
Hill City
Swan River
Floodwood
Cotton
Two Harbors
Independence
Cloquet
Duluth
Superior
Port Wing
Apostle Islands Nat. Lakeshore
Red Cliff Ind. Res.
Bayfield
Outer I.
Stockton I.
Madeline I.
Bad River Ind. Res.
Lake Superior
Ontonagon
Winona
Hackensack
Whitefish L.
Pequot Lakes
Hassman
Aitkin
Cromwell
Mc Gregor
Fond du Lac Ind. Res.
Mahtowa
Iron River
Ashland
Motley
Brainerd
Deerwood
Poplar
Drummond
Saxon
Wakefield
Ironwood
Gogebic
Bruce Crossing
Minnesota
Mille Lacs L.
Garrison
Willow River
Mc Grath
Nickerson
Solon Springs
Mellen
Clam Lake
Glidden
Mercer
Conover
Fort Ripley
Camp Ripley Mil. Res.
Long Prairie
Little Falls
Onamia
Sandstone
Minong
Hayward
Hinckley
Danbury
L. Chippewa
Park Fs.
Flambeau Ind. Res.
Royalton
Mora
St. Croix S.P.
Pine City
Spooner
Trego
Woodruff
Eagle River
Sauk Rapids
Milaca
Braham
Cambridge
Grantsburg
Siren
Ojibwa
Phillips
Albany
St. Cloud
Princeton
North Branch
Luck
Lac Courte Oreilles Ind. Res.
Paynesville
Kimball
Elk River
St. Croix Fs.
Turtle Lake
Rice Lake
Bruce
Hawkins
Prentice
Heafford Junction
Rhinelander
Litchfield
Coon Rapids
Forest Lake
Barron
Timms Hill
Tomahawk
Buffalo
Dassel
Blaine
New Richmond
Clear Lake
Chetek
Cornell
Westboro
Gilman
Medford
Merrill
Stillwater
MINNEAPOLIS
ST. PAUL
Hudson
Baldwin
Chippewa Fs.
Owen
Wausau
Antigo
Menominee Ind. Res.
Stockbridge-Munsee Ind. Res.
Hector
Hutchinson
Prairie
Crystal Cave
Menomonie
Eau Claire
Abbotsford
Edgar
Stewart
Norwood
Bloomington
Cottage Grove
Ellsworth
Marshfield
Wittenberg
Winthrop
Jordan
Rosemount
Hastings
Durand
Osseo
Fairchild
Neillsville
Stevens Pt.
New Ulm
Le Sueur
St. Peter
Lonsdale
Le Center
Cannon Fs.
Northfield
Red Wing
Nelson
Whitehall
Pittsville
Waupaca
Lake Crystal
Mankato
Faribault
Kenyon
Wabasha
Plainview
Blair
Black River Fs.
Wisconsin Rapids
Wisconsin
Waseca
Village of Yesteryear
Owatonna
Pine I.
Rochester
Eyota
Winona
Galesville
Ft. McCoy Mil. Res.
Petenwell L.
Necedah
Tomah
Plainfield
Vernon Center
Winnebago
Ormsby
Albert Lea
Blooming Prairie
Chatfield
Stewartville
La Crescent
Sparta
Coloma
Mauston
Montello
Fairmont
Blue Earth
Austin
Preston
Rushford
La Crosse
Ontario
Wisconsin Dells
Lake Mills
Mystery Cave
Caledonia
Westby
Elroy
Portage
Lakota
Northwood
Osage
Chester
Readstown
Reedsburg
Emmetsburg
Clear Lake
Mason City
Lansing
De Soto
Decorah
Richland Center
Baraboo
Sauk City
Columbus
Sun Prairie
Algona
Grotto of the Redemption
Garner
Thornton
Charles City
New Hampton
Calmar
Effigy Mounds Nat. Mon.
Kickapoo Ind. Caverns
Eagle Cave
Lone Rock
Prairie du Chien
Postville
W. Union
Boscobel
Fennimore
Middleton
MADISON
Lake Mills
Pocahontas
Belmond
Allison
Nashua
Lancaster
Platteville
Dodgeville
Swiss Hist. Vil.
Stoughton
Humboldt
Ft. Dodge
Manson
Clarion
Hampton
Waverly
Guttenberg
Darlington
Shullsburg
Janesville
Cedar Fs.
Waterloo
Oelwein
Manchester
Dubuque
Hazel Green
Monroe
Beloit
Rockwell City
Webster City
Iowa Fs.
Parkersburg
Independence
Dyersville
Galena
Charles Mount
Freeport
Story City
Hubbard
Marshalltown
Traer
Vinton
Crystal L. Cave
Stockton
ROCKFORD
Ogden
Boone
Ames
Sac and Fox Ind. Res.
Tama
Monticello
Anamosa
Bellevue
Mt. Carroll
Perry
Le Grand Quarries Fossils
Mesquakie Ind. Settlement
Irving
Marion
Maquoketa
Savanna
Oregon
Ankeny
Collins
CEDAR RAPIDS
Oxford Jn.
De Witt
Clinton
Polo
Rochelle
Dixon
Panora
Urbandale
Stuart
Newton
Brooklyn
Tipton
Fulton
DAVENPORT
Rock Fs.
Amboy
Mendota
DES MOINES
Williamsburg
Iowa City
Rapids City
Winterset
Norwalk
Red Rock Res.
Riverside
Muscatine
Moline
Geneseo
Princeton
Indianola
Sigourney
Andalusia
Kewanee
Creston
Oskaloosa
Columbus Jn.
New Viola
Bradford
Peru
Iowa
Illinois
126

D
E
F
A
1
2
3
4
5
6
Nipigon
Dorion
Rossport
Schreiber
Marathon
Hemlo
Manitouwadge
Oba
Brunswick L.
White Lake
Pic R.
Simpson Is.
St.Ignace I.
Slate Is.
Sleeping Giant Prov. P.
Black Bay
Nipigon B.
White River
Pukaskwa Nat. Park
Tip Top Mtn.
Trans-Canada Hwy
Franz
Esnagi L.
Kabinakagami L.
Chapleau Crown Game Preserve
Missinaibi L.
Missinaibi River Prov. P.
Peterbell
Kapuskasing R.
Foleyet
Missanabie
Hawk Junction
Dog L.
Wawa
Kathleen Lake
Chapleau
Mountbatten Ind. Res.
Sultan
Perry
Blake Pt.
Isle Royale National Park
Royale
Superior
Michipicoten Bay
Michipicoten I.
C.Gargantua
Lake Superior Prov. P.
Montreal R.
Frater
Agawa Bay
Algoma Upland
Rocky Island L.
Copper Harbor
Keweenaw Pen.
Mohawk
Laurium
Keweenaw Bay
Coppermine Pt.
Mashkode
Searchmont
Batchawana Bay
L'Anse
Mt. Curwood
L'Anse Ind. Res.
Pictured Rocks Nat. Lakeshore
Whitefish Pt.
Tahquamenon Falls S. P.
Whitefish Bay
Sault Ste.Marie
Garden River Ind. Res.
Wakomata L.
Mississagi R.
Elliot Lake
Matinenda L.
Marquette
Negaunee
Deerton
Grand Is.
Grand Marais
Newberry
Eckermann
Desbarats
Covington
Ishpeming
Seney
Upper Peninsula
Dafter
Bay Mills Ind. Res.
Thessalon
Blind River
North Channel
Iron River
Shingleton
Trenary
Manistique
Trout Lake
De Tour Village
Drummond
Meldrum Bay
Crystal Fs.
Florence
Arnold
Rapid River
Engadine
Gulliver
Mackinac Bridge
St.Ignace
Ft. Mackinac
Drummond I.
Cockburn Is.
Manitoulin Is.
Iron Mountain
Hannahville Ind. Res.
Escanaba
Garden Pen.
Mormon Print Shop
St. James
Mackinaw City
Bois Blanc Is.
Cheboygan
Pembine
Powers
Fairport
Pt. Detour
Beaver Is.
Pellston
Lake Huron
Great Duck Is.
Laona
Wausaukee
Washington
Washington Is.
Fox Is.
Charlevoix
Onaway
Rogers City
Gills Rock
Sleeping Bear Dunes Nat. Lakeshore
Gd. Traverse Bay
Petoskey
Langlade
Mountain
Menominee
Marinette
Green Bay
Manitou Is.
Northport
Gaylord
Thunder Bay R.
Alpena
North Pt.
Thunder Bay
Oconto
Shawano
Abrams
Sturgeon Bay
Door Pen.
Lake Michigan
Empire
Traverse City
Mancelona
Kalkaska
Atlanta
Hubbard L.
Camp Grayling Art. Ra.
Fairview
Harrisville
Howard
Black Creek
Ind. Res.
Green Bay
Frankfort
Manistee R.
Grayling
AuSable R.
Oscoda
Appleton
Kewaunee
Mesick
Michigan
Manton
Houghton L.
Roscommon
Lumbermen's Mon.
Kaukauna
Neenah
Chilton
Two Rivers
Manistee
Cadillac
West Branch
Tawas City
Pte. Aux Barques
Manitowoc
Lake Winnebago
Big Sable Pt.
Ludington
Scottville
Baldwin
Lower
Reed City
Houghton Lake
Harrison
Alger
Standish
Saginaw Bay
P. Austin
Pioneer Huron City
Bad Axe
Bay Port
Cass City
Sheboygan
Plymouth
West Bend
Pentwater
Lle. Sable Pt.
Big Rapids
Clare
Mt. Pleasant
White Star
Bay City
Hesperia
Newaygo
Isabella Ind. Res.
Lakeview
Six Lakes
Midland
Saginaw
Cass R.
Vassar
P.Washington
Muskegon
Muskegon R.
Howard City
Alma
Peninsula
Norton Shores
Gd. Haven
Menomonee Fs.
Wauwatosa
Milwaukee
Waukesha
Atkinson
Grand Rapids
Grand R.
Walker
Wyoming
Ionia
St. Johns
Owosso
Flint
Davison
Imlay City
Racine
Kenosha
Elkhorn
Geneva
Great America
Holland
Dutch Village
Allegan
Lansing
East Lansing
Fenton
Howell
Pontiac
Rochester
Warren
Sterling Hts.
Detroit
Livonia
Dearborn
Hastings
Charlotte
Mason
Plainwell
Battle Creek
Kalamazoo R.
Sth. Haven
Zion
Waukegan
Ft. Sheridan
Woodstock
Mundelein
Kalamazoo
Paw Paw
Marshall
Jackson
Albion
Ann Arbor
Ypsilanti
Trenton
Des Plaines
Highland Pk.
Evanston
Skokie
Benton Harbor
Dowagiac
Three Rivers
Sturgis
Coldwater
Somerset
Milan
Clinton
Adrian
Monroe
Elgin
Chicago
Michigan City
New Buffalo
Niles
Hudson
Sylvania
Toledo
Aurora
Oak Lawn
Joliet
Gary
La Porte
Sth. Bend
Elkhart
Goshen
Angola
Bryan
Maumee
Hammond
Chicago Hts.
Crown Pt.
Valparaiso
Plymouth
Ligonier
Kendallville
Auburn
Napoleon
Bowling Green
Fremont
Morris
Gardner
Kankakee
Beecher
Demotte
Knox
Chief Menominee
Churubusco
Ft. Wayne
Findlay
Fostoria
Tiffin
Ohio
Indiana
6h Gr. Time
5h Gr. Time
Route 66

127

A
B
C
121
Lake Superior
Copper Harbor
Mohawk
Houghton
Laurium
Keweenaw Pen.
Keweenaw Bay
L'Anse
Mt. Curwood
Greenland
L'Anse Ind. Res.
Marquette
Negaunee
Ishpeming
Covington
Pictured Rocks Nat. Lakeshore
Grand Is.
Grand Marais
Tahquamenon Falls S. P.
Whitefish Pt.
Whitefish Bay
Sault Ste.Marie
C.Gargantua
Lake Superior Prov. P.
Montreal R.
Agawa Bay
Frater
Algoma Upland
Coppermine Pt.
Mashkode
Batchawana Bay
Search-mont
Garden River Ind. Res.
Deerton
Seney
Newberry
Eckermann
Dafter
Desbarats
Bay Mills Ind. Res.
Thessalon
Iron River
Nelma
Crystal Fs.
Florence
Arnold
Shingleton
Trenary
Upper Peninsula
Manistique
Trout Lake
Rapid River
Engadine
De Tour Village
Drummond
Iron Mountain
Hannahville Ind. Res.
Gulliver
Manistique
Garden Pen.
Mormon Print Shop
St. Ignace
Mackinac Bridge
Ft. Mackinac
Mackinaw City
Drummond I.
Bois Blanc Is.
Cockburn Is.
Argonne
Pembine
Escanaba
Fairport
Pt. Detour
Beaver Is.
St. James
Cheboygan
Laona
Mole Lake Ind. Res.
Wausaukee
Powers
Washington
Washington Is.
Gills Rock
Fox Is.
Pellston
Langlade
White Lake
Mountain
Menominee
Marinette
Sleeping Bear Dunes Nat. Lakeshore
Charlevoix
Petoskey
Onaway
Rogers City
Menominee Ind. Res.
Stockbridge-Munsee Ind. Res.
Oconto
Shawano
Manitou Is.
Northport
Gaylord
Thunder Bay R.
Alpena
Clintonville
Abrams
Sturgeon Bay
Door Pen.
Empire
Traverse City
Mancelona
Kalkaska
Atlanta
Campo Grayling Art. Ra.
Hubbard
Thunder Bay
Wisconsin
Black Creek
Howard
Green Bay
Frankfort
Grayling
Fairview
Harrisville
Appleton
Kaukauna
Kewaunee
Lake Michigan
Manistee R.
Michigan
New London
Two Rivers
Manistee
Mesick
Manton
Houghton L.
Roscommon
Oscoda
Lumbermen's Mon.
Neenah
Chilton
Manitowoc
Cadillac
Houghton Lake
West Branch
Tawas City
Oshkosh
Fond du Lac
Lake Winnebago
Big Sable Pt.
Ludington
Scottville
Lower
Harrison
Alger
Saginaw Bay
P. Austin
Sheboygan
Baldwin
Reed City
Standish
Bay Port
Plymouth
Pentwater
Big Rapids
Clare
White Star
Lle. Sable Pt.
Mt. Pleasant
Cass City
Beaver Dam
West Bend
P.Washington
Hesperia
Newaygo
Lakeview
Isabella Ind. Res.
Six Lakes
Midland
Bay City
Saginaw
Menomonee Fs.
Muskegon
Norton Shores
Muskegon R.
Howard City
Alma
Vassar
Peninsula
Cass R.
Wauwatosa
Waukesha
MILWAUKEE
Gd. Haven
Walker
Wyoming
GRAND RAPIDS
Ionia
St. Johns
FLINT
Davison
Grand R.
Owosso
Ft.Atkinson
Elkhorn
Racine
Dutch Village
Holland
East Lansing
LANSING
Fenton
Geneva
Kenosha
Allegan
Hastings
Charlotte
Howell
Pontiac
Rochester
Great America
Zion
Waukegan
Ft. Sheridan
6h Gr. Time
5h Gr. Time
Plainwell
Mason
Battle Creek
STERLING HTS.
Woodstock
Sth. Haven
Kalamazoo R.
DETROIT
Mundelein
Des Plaines
Highland Pk.
Evanston
Skokie
Benton Harbor
Kalamazoo
Paw Paw
Marshall
Jackson
Albion
ANN ARBOR
Ypsilanti
LIVONIA
Trenton
Elgin
CHICAGO
Dowagiac
Three Rivers
Somerset
Milan
Clinton
Adrian
Aurora
Michigan City
New Buffalo
Niles
Sturgis
Coldwater
Monroe
Oak Lawn
GARY
Hudson
Sylvania
Joliet
Hammond
La Porte
STH. BEND
Elkhart
Goshen
Ligonier
Kendallville
Angola
Bryan
Maumee
TOLEDO
Chicago Hts.
Valparaiso
Crown Pt.
Beecher
Knox
Plymouth
Auburn
Napoleon
Bowling Green
Fremont
Fostoria
Kankakee
Demotte
Chief Menominee Mon.
Warsaw
Churubusco
FT. WAYNE
Defiance
Findlay
Dwight
Saint Anne
Lewiston
Winamac
Rochester
Huntington
Ottawa
Tiffin
Route 66
Ashkum
Watseka
Kentland
Logansport
Decatur
Forrest
Gilman
Wabash
Peru
Van Vert
Ind. Trail Caverns
Upper Sandusky
Gibson City
Hoopeston
Lafayette
Delphi
Marion
Fort Amanda St.Mem.
Lima
Celina
Kenton
Rantoul
Oxford
Kokomo
Portland
Bellefontaine
Marion
Attica
Frankfort
Elwood
Hartford City
Danville
Romney
Sidney
Delaware
Champaign
Crawfordsville
Lebanon
Anderson
Muncie
Piqua Historic Area
Greenville
Urbana
Marysville
Tolono
INDIANAPOLIS
Pendleton
Lynn
Piqua
Troy
Plain City
Chrisman
Motor Speedway
New Castle
Ft. Jefferson St.Mem.
Springfield
Grove City
Tuscola
Danville
Richmond
Eaton
DAYTON
London
Paris
Clinton
Greencastle
Kettering
Xenia
127
Illinois
Indiana
Ohio
Lake Michigan

CANADA
50 miles
100 km
Réserve Faunique La Vérendrye
Sudbury
North Bay
Georgian Bay
Algonquin Prov. Park
Algonquin Upland
Haliburton Highland
Lake Huron
Huron
Bruce Pen.
Lake Ontario
TORONTO
MISSISSAUGA
BRAMPTON
Markham
OSHAWA
Newcastle
Peterborough
Belleville
Prince Edward Pen.
HAMILTON
BURLINGTON
ST. CATHARINES
KITCHENER
Guelph
Cambridge
Brantford
LONDON
Sarnia
WINDSOR
Niagara Fs.
BUFFALO
CHEEKTOWAGA
ROCHESTER
Irondequoit
Lake Erie
New York
ERIE
Pennsylvania
Allegheny Plateau
CLEVELAND
Lorain
Euclid
Cleveland Hts.
Parma
Elyria
AKRON
Canton
Warren
YOUNGSTOWN
Mansfield
PITTSBURGH
Pen Hills
Altoona
State College
Wheeling
Ohio
128

A
B
C
1
2
3
4
5
6
La Vérendrye
Réserve Faunique
Victoria
L. Ogascana
Lac Dumoine
Manouane
Lac Kempt
La Tuque
Ste-Anne-du-Lac
Barrage Mercier
Mt. Sir Wilfrid
Grand-Remous
Mont Laurier
Lac Saguay
Maniwaki
Maniwake Ind. Res.
Rés. Faunique Rouge-Matawin
St-Michel-des-Saints
St-Zénon
Parc du Mont Tremblant
Rés. Faunique St-Maurice
Parc Nat. de la Mauricie
Rés. Faunique Mastigouche
Shawinigan
Trois-Rivières (Three Rivers)
Ft. Trois Rivières
St-Gabriel
Berthierville
Louiseville
Sorel
Drummondville
Joliette
Repentigny
Terrebonne
St-Esprit
St-Jérôme
Labelle
Mt. Tremblant
Doncaster Ind. Res.
St. Jovite
N-D-du-Laus
de Papineau Labelle
Ste-Agathe-des-Monts
Namur
Pine Hill
Montebello
Lachute
LAVAL
MONTRÉAL
LONGUEUIL
Châteauguay
St-Hyacinthe
McMasterville
Granby
Farnham
St-Jean-sur-Richelieu
Cowansville
Bedford
Swanton
Salaberry-de-Valleyfield
Huntingdon
Havelock
Dorion
Hawkesbury
Alexandria
Rockland
Buckingham
Gatineau
G.-HULL
OTTAWA
Kanata
Casselman
Winchester
Cornwall
Upper Canada Vill.
Massena
Morrisburg
Kemptville
Smiths Falls
Perth
Sharbot Lake
Crosby
Rideau Canal
Ogdensburg
Potsdam
Canton
Brockville
Gananoque
Kingston
Wolfe I.
Napanee
Old Ft. Henry
Belleville
Trenton
Cambellford
Stirling
Actinolite
Kaladar
Cloyne
Bannockburn
Apsley
Bancroft
Maynooth
Denbigh
Ompah
Highland
Haliburton
Barry's Bay
Killaloe Stat.
Eganville
Bonnechere Caves
Renfrew
Arnprior
Almonte
Carleton Place
Pembroke
Petawawa
Deep River
Waltham Station
Algonquin Prov. Park
Algonquin Upland
Laurentians
Laurentien
Campbell's Bay
Shawville
Kazabazua
Gracefield
Low
Wakefield
Ontario
Québec
Lake Ontario
Wellington
Picton
Prince Edward Pen.
Amherst I.
Cape Vincent
Henderson
Watertown
Gouverneur
Fine
Fort Drum
Tupper L.
Saranac L.
Lake Placid
Mt. Marcy 1629
Adirondack Mountains
Adirondack Park
Old Forge
Blue Mtn. L.
Lowville
Pulaski
Oswego
Fulton
Camden
Ft. Stanwix Nat. Mon.
Rome
Oneida L.
Erie Canal
Alder Creek
Speculator
Lake George
Glens Fs.
Saratoga Sprs.
Great Sacandaga L.
Gloversville
Amsterdam
Little Falls
Utica
Oneida
Syracuse
Auburn
Rochester
Irondequoit
Wolcott
Brockport
Newark
Victor
Canandaigua
Geneva
Seneca Fs.
Finger Lakes
Cayuga L.
Seneca L.
Keuka L.
Geneseo
Penn Yan
Dansville
Cortland
Ithaca
Norwich
Oneonta
Otselic
Bridgewater
N.Y. State Thruway
Schenectady
Cobleskill
ALBANY
Troy
Cohoes
Mechanicville
Saratoga N.H.P.
Cooksburg
Catskill Mountains
Catskill
Hudson
Pittsfield
Plattsburgh
Malone
Lake Champlain
Willsboro
Burlington
Colchester
Essex Jn.
Stowe
Montpelier
Jefferson-ville
Morrisville
Hardwick
Barre
Shelburne Museum
Middlebury
Irasville
Ticonderoga
Ft. Ticonderoga
Lake George
Whitehall
Rutland
Bethel
Killington Pk.
Poultney
Hudson Fs.
Manchester
Bennington
Stratton Mtn.
Brattleboro
Keene
North Adams
Greenfield
Mt. Greylock
Massachusetts
Amherst
Northampton
Chicopee
Springfield
Westfield
Enfield
HARTFORD
Canaan
Torrington
Amenia
Mt. Everett
Kingston
Poughkeepsie
Newburgh
Beacon
U.S. Mil. Academy
WATERBURY
New Britain
Meriden
NEW HAVEN
New Milford
Danbury
Peekskill
Ossining
Norwalk
BRIDGEPORT
STAMFORD
Long Island Sound
YONKERS
New Rochelle
Riverhead
Jefferson
Bay Shore
Patchogue
Hempstead
Fire Island National
JERSEY CITY
NEW YORK
NEWARK
ELIZABETH
PATERSON
Statue of Liberty
Somerville
Perth Amboy
Princeton
Trenton
Levittown
Red Bank
Long Branch
Asbury Park
Lakewood
Point Pleasant
Toms River
New Jersey
PHILADELPHIA
Hudson Canyon
Wilmington
Chester
Coatesville
Norristown
Pottstown
Lansdale
Doylestown
Quakertown
ALLENTOWN
Bethlehem
Easton
Netcong
Palmerton
Stroudsburg
Delaware Water Gap
Milford
Port Jervis
Middletown
Suffern
Monticello
Liberty
Hist. Ft. Delaware
Honesdale
Hancock
Delhi
Sidney
Dunraven
Woodstock
Slide Mtn.
Binghamton
Endicott
Owego
Waverly
Sayre
Elmira
Corning
Hornell
Wellsville
Knoxville
Mansfield
Towanda
Montrose
Tunkhannock
Carbondale
Scranton
Dunmore
Wilkes-Barre
Kingston
Nuangola
Hazleton
Bloomsburg
Sunbury
Shamokin
Pottsville
Selinsgrove
Milton
Williamsport
Lock Haven
Renovo
Hughesville
Dushore
Canton
Pine Creek Gorge
Bellefonte
State College
Lewistown
Millersburg
Harrisburg
Carlisle
Lebanon
Reading
Ephrata
Lancaster
Columbia
York
Gettysburg
Gettysburg N.M.P.
Shrewsbury
Pennsylvania
Appalachian Mountains
Blue Mountains
Great Valley
Juniata R.
Susquehanna R.
Delaware R.
NEW YORK
129

D
E
F
1
2
3
4
5
6
QUÉBEC
Charlesbourg
Lévis
Lauzon
Montmagny
St-Pamphile
Edmundston
Saint-Quentin
Dégelis
Rivière Bleue
Pohénégamook
Allagash
Caribou
Presque Isle
Fort Kent Hist. Site
Plaster Rock
Perth-Andover
Houlton
Woodstock
New Brunswick
Fredericton
Oromocto
Nashwaak Bridge
Thetford Mines
Victoriaville
Asbestos
Richmond
Magog
Coaticook
St-Georges
Lac Mégantic
Jackman
Greenville
Dover-Foxcroft
Millinocket
Mt. Katahdin
Chesuncook Lake
Chamberlain Lake
Moosehead Lake
Lincoln
Bangor
Orono
Brewer
Bucksport
Ellsworth
Bar Harbor
Acadia Nat. Park
Mt. Desert I.
Calais
St. Stephen
St. Andrews
Lubec
Machias
Campobello
Roosevelt Campobello Int. P.
Gd. Manan I.
Maine
Skowhegan
Farmington
Waterville
Augusta
Lewiston
Auburn
Brunswick
Bath
Boothbay Harbor
Rockland
Belfast
Port Clyde
Portland
Westbrook
Saco
Biddeford
Sanford
White Mountains
Mt. Washington
Berlin
Lancaster
St. Johnsbury
Littleton
Conway
New Hampshire
Laconia
Concord
Rochester
Dover
Portsmouth
Kittery
Manchester
Nashua
Lawrence
Lowell
Fitchburg
Haverhill
Newburyport
Gloucester
Cape Ann
Lynn
Cambridge
BOSTON
WORCESTER
Framingham
Quincy
Brockton
Taunton
PROVIDENCE
Pawtucket
Cranston
Fall River
New Bedford
Newport
Woonsocket
Norwich
Westerly
Block Island
Montauk Pt.
Montauk
Massachusetts Bay
Cape Cod Bay
Cape Cod
Provincetown
Barnstable
Hyannis
Cape Cod Peninsula
Cape Cod Nat. Seashore
Martha's Vineyard
Edgartown
Nantucket
Nantucket I.
Nantucket Sound
Nantucket Shoals
Gulf of Maine
Bigelow Bight
Georges Bank
-4h Gr. Time
-5h Gr. Time
ATLANTIC OCEAN
Hydrographer Canyon
50 miles
100 km
CT = Connecticut
RI = Rhode Island

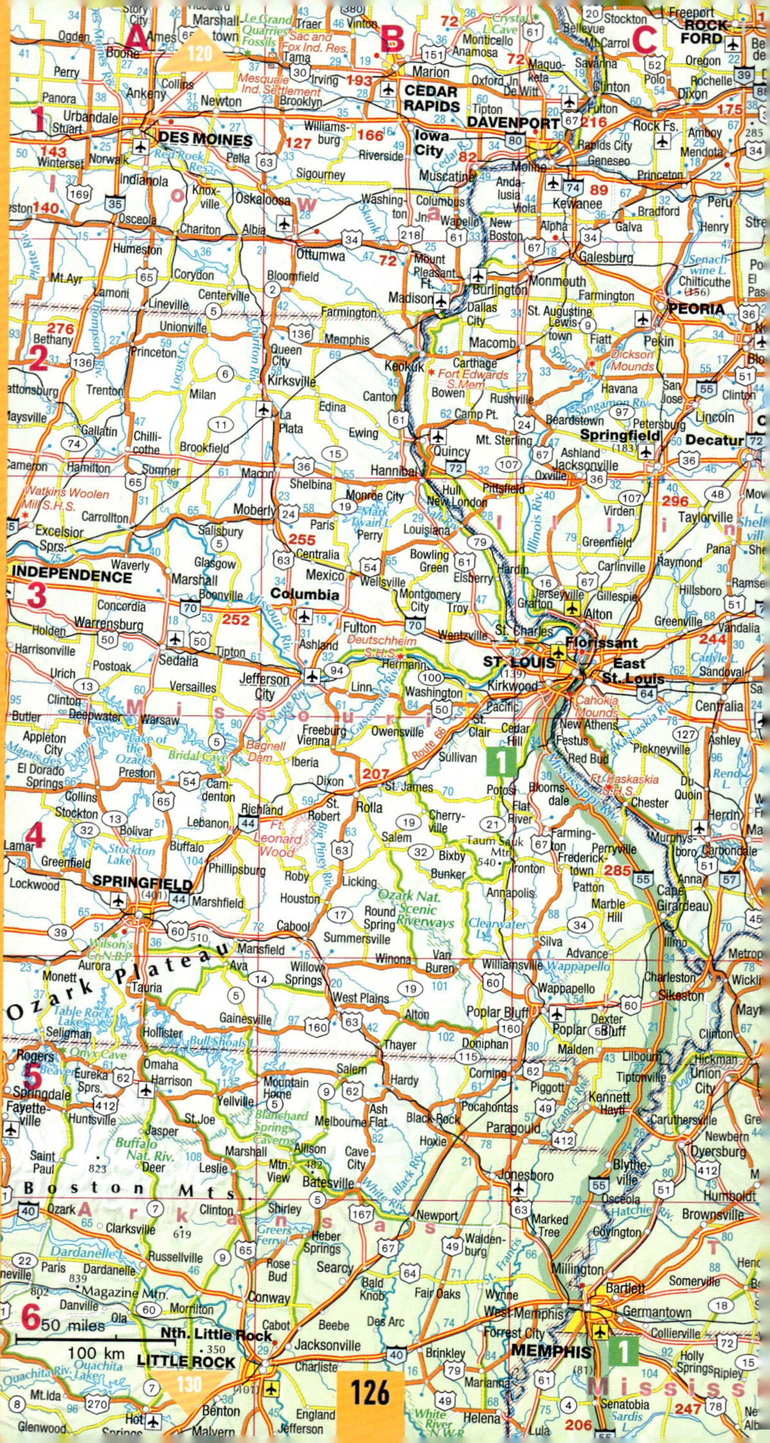
A
B
C
120
1
2
3
4
5
6
DES MOINES
CEDAR RAPIDS
Iowa City
DAVENPORT
ROCK FORD
Moline
Rock Is.
Ames
Boone
Ankeny
Urbandale
Newton
Marshalltown
Tama
Marion
Monticello
Anamosa
Maquoketa
Clinton
Dixon
Freeport
Stockton
Savanna
Oregon
Rochelle
Sterling
Princeton
Kewanee
Galesburg
Peoria
Pekin
Bloomington
Decatur
Springfield
Jacksonville
Quincy
Hannibal
Keokuk
Burlington
Fort Madison
Mount Pleasant
Ottumwa
Oskaloosa
Pella
Knoxville
Indianola
Osceola
Chariton
Albia
Centerville
Muscatine
Washington
Sigourney
Williamsburg
Macomb
Monmouth
Kirksville
Macon
Moberly
Columbia
Mexico
Fulton
Jefferson City
Sedalia
Warrensburg
INDEPENDENCE
Excelsior Sprs.
Marshall
Boonville
St. Charles
Florissant
ST. LOUIS
East St. Louis
Kirkwood
Alton
Washington
Rolla
Lebanon
SPRINGFIELD
Joplin
Bolivar
Camdenton
Osage Beach
Lake of the Ozarks
Farmington
Cape Girardeau
Sikeston
Poplar Bluff
West Plains
Branson
Harrison
Rogers
Springdale
Fayetteville
Eureka Sprs.
Jonesboro
Paragould
Blytheville
Dyersburg
MEMPHIS
West Memphis
Germantown
Collierville
Forrest City
Searcy
Conway
Russellville
Clarksville
Nth. Little Rock
LITTLE ROCK
Jacksonville
Batesville
Mountain Home
Ozark Plateau
Boston Mts.
Iowa
Missouri
Illinois
Arkansas
Mississippi
Mississippi Riv.
Missouri Riv.
Illinois Riv.
Ozark Nat. Scenic Riverways
Buffalo Nat. Riv.
Wilson's Cr. N.B.P.
Route 66
Cahokia Mounds
Ft. Kaskaskia S.H.S.
Dickson Mounds
Fort Edwards S.Mem.
Deutschheim S.H.S.
Watkins Woolen Mill S.H.S.
Bagnell Dam
Bridal Cave
Onyx Cave
Blanchard Springs Caverns
Mark Twain L.
Stockton Lake
Table Rock Lake
Bull Shoals L.
Greers Ferry L.
Dardanelle L.
Taum Sauk Mtn 540
Magazine Mtn.
130
50 miles
100 km

D
E
F
1
2
3
4
5
6
121
131
CHICAGO
Waukegan
Evanston
Skokie
Des Plaines
Elgin
Aurora
Oak Lawn
Joliet
Hammond
GARY
Michigan City
Kankakee
Watseka
Rantoul
Champaign
Urbana
Danville
Tuscola
Mattoon
Charleston
Paris
Effingham
Kalamazoo
Benton Harbor
Niles
STH. BEND
Elkhart
Goshen
Valparaiso
Plymouth
Warsaw
Rochester
Logansport
Peru
Wabash
Huntington
FT. WAYNE
Auburn
Angola
Coldwater
Albion
ANN ARBOR
Ypsilanti
Adrian
Monroe
TOLEDO
Sylvania
Maumee
Bowling Green
Fremont
Fostoria
Tiffin
Findlay
Defiance
Napoleon
Ottawa
Lima
Van Wert
Celina
Kenton
Marion
Bellefontaine
Sidney
Piqua
Troy
Urbana
Springfield
DAYTON
Kettering
Xenia
Middletown
Hamilton
CINCINNATI
Wilmington
Washington Court House
Hillsboro
London
Marysville
Plain City
Lafayette
Kokomo
Frankfort
Delphi
Attica
Crawfordsville
Lebanon
Anderson
Muncie
Marion
Elwood
Hartford City
Portland
New Castle
Richmond
Connersville
INDIANAPOLIS
Motor Speedway
Danville
Greenfield
Greenwood
Franklin
Martinsville
Rushville
Greensburg
Columbus
Bloomington
Spencer
Terre Haute
Clinton
Sullivan
Bedford
Seymour
Madison
Vincennes
Washington
Jasper
Princeton
EVANSVILLE
Henderson
Owensboro
Jeffersonville
New Albany
LOUISVILLE
Frankfort
LEXINGTON
Winchester
Georgetown
Paris
Richmond
Berea
Danville
Bardstown
Elizabethtown
Hodgenville
Campbellsville
Bowling Green
Glasgow
Somerset
London
Corbin
Middlesboro
Madisonville
Hopkinsville
Paducah
Murray
Clarksville
NASHVILLE
Gallatin
Lebanon
Murfreesboro
Franklin
Columbia
Shelbyville
Tullahoma
Manchester
McMinnville
Cookeville
Crossville
Oak Ridge
KNOXVILLE
Athens
Cleveland
CHATTANOOGA
Jackson
Dickson
Pulaski
Fayetteville
HUNTSVILLE
Athens
Decatur
Florence
Sheffield
Corinth
Savannah
I l l i n o i s
I n d i a n a
O h i o
K e n t u c k y
T e n n e s s e e
A l a b a m a
Mammoth Cave Nat. P.
Great Smoky Mts. Nat. P.
Big South Fork Nat. River and Rec. A.
Land Between The Lakes N.R.A.
Cumberland Gap N.H.P.
Hoosier
Crane Naval Weapons Center
Jefferson Proving Ground
Fort Knox
Shakertown
Cumberland Plateau
Walden Ridge
-6h Gr. Time
-5h Gr. Time

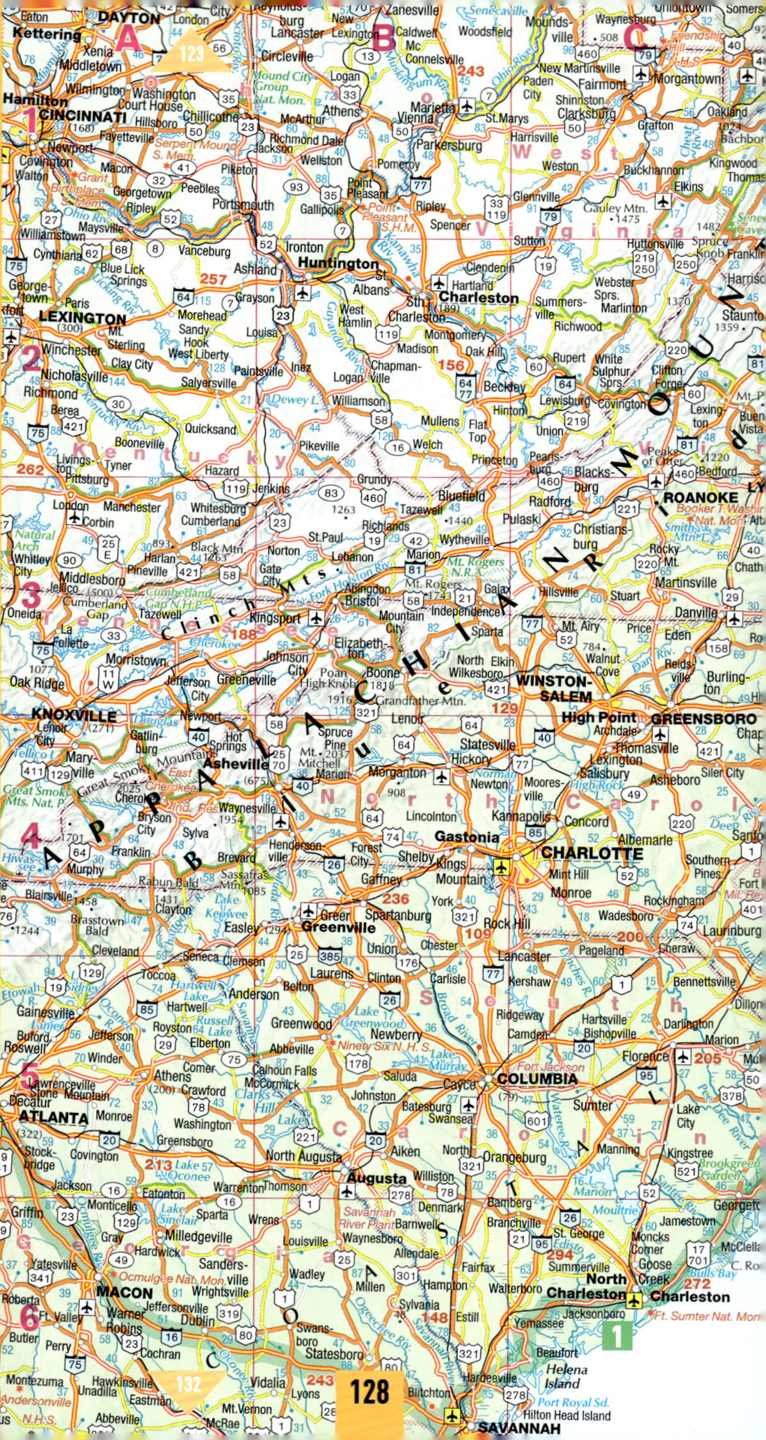
A
B
C
1
2
3
4
5
6
123
132
Ohio
West Virginia
Kentucky
Tennessee
North Carolina
South Carolina
Georgia
APPALACHIAN MOUNTAINS
Blue Ridge
Clinch Mts.
DAYTON
Kettering
CINCINNATI
Hamilton
Zanesville
Morgantown
Fairmont
Clarksburg
Parkersburg
Marietta
Huntington
Charleston
Ashland
Portsmouth
LEXINGTON
Beckley
Bluefield
ROANOKE
Blacksburg
Kingsport
Bristol
Johnson City
KNOXVILLE
Asheville
WINSTON-SALEM
GREENSBORO
High Point
Gastonia
CHARLOTTE
Greenville
Spartanburg
Rock Hill
COLUMBIA
Augusta
ATLANTA
Athens
MACON
North Charleston
Charleston
SAVANNAH
Hilton Head Island
Great Smoky Mts. Nat. P.
Cumberland Gap N.H.P.
Mound City Group Nat. Mon.
Serpent Mound S. Mem.
Grant Birthplace S. Mem.
Point Pleasant S.H.M.
Booker T. Washington Nat. Mon.
Ninety Six N.H.S.
Fort Jackson
Savannah River Plant
Ocmulgee Nat. Mon.
Ft. Sumter Nat. Mon.
Andersonville N.H.S.
Friendship Hill N.H.S.
Mt. Rogers N.R.A.
Mt. Mitchell
Grandfather Mtn.
Rabun Bald
Lake Marion
Lake Moultrie
Lake Murray
Lake Hartwell
Port Royal Sd.

D
E
F
124
1
2
3
4
5
6
PHILADELPHIA
Chester
Wilmington
Newark
Coatesville
York
Gettysburg
Gettysburg N.M.P.
Shrewsbury
Westminster
Hagerstown
Frederick
Harpers Ferry N.H.P.
Martinsburg
Cumberland
Bedford
Meyersdale
Greencastle
Keyser
Romney
Winchester
Brunswick
Towson
BALTIMORE
Columbia
Bel Air
Aberdeen
Dundalk
Ft. McHenry
Laurel
Annapolis
Rockville
Leesburg
Arlington
WASHINGTON D.C.
ALEXANDRIA
Manassas
Quantico Marine Corps
Front Royal
Warrenton
Woodstock
New Market
Baker
Shenandoah
Culpeper
Fredericksburg
Indian Head
Waldorf
Prince Frederick
Owens
Bowling Green
Gordonsville
Charlottesville
Waynesboro
Doswell
Lakeside
RICHMOND
Amherst
Appomattox Court House N.H.P.
Appomattox
Cumberland
Farmville
Colonial Heights
Hopewell
Petersburg
Jamestown Settlement
Williamsburg
West Point
LYNCHBURG
Burkeville
Keysville
Brookneal
Blackstone
Fort Pickett
Chase City
Alberta
South Hill
Lawrenceville
Stony Creek
Waverly
Emporia
Clarksville
South Boston
HAMPTON
NEWPORT NEWS
NORFOLK
PORTSMOUTH
VIRGINIA BEACH
CHESAPEAKE
Franklin
Suffolk
Great Dismal Swamp N.W.R.
Dismal Swamp
Chesapeake Bay Bridge Tunnel
C. Henry
C. Charles
Cape Charles Lighthouse
Colonial N.H.P.
Yorktown
Gloucester
Glenns
Reedville
Tappahannock
Callao
Lexington Park
G. Washington Birthplace Nat. Mon.
Potomac Riv.
Chesapeake Bay
Crisfield
Princess Anne
Fishing Creek
Cambridge
Salisbury
Easton
Denton
Seaford
Laurel
Berlin
Ocean City
Pocomoke City
Onancock
Exmore
Accomac
Mappsville
Assateague I.
Assateague Is. Nat. Seashore
Chincoteague Bay
Parramore I.
Indian River Bay
Lewes
Georgetown
Milford
Dover
Delaware Bay
Cape May
C. May Pt.
Wildwood
Ocean City
Atlantic City
Millville
Vineland
Bridgeton
Salem
Tuckerton
Ship Bottom
Old Bohemia Church
Chestertown
Harrington
Price
New Jersey
Delaware
Maryland
Virginia
Roanoke Rapids
Weldon
Murfreesboro
Rich Square
Ahoskie
Kelford
Elizabeth City
Morgan's Corner
Corolla
Currituck Sound
Point Harbor
Kitty Hawk
Wright Brothers Nat. Mem.
Roanoke I.
Manteo
Ft. Raleigh N.H.S.
Albemarle Sound
Windsor
Williamston
Plymouth
Alligator River N.W.R.
Outer Banks
Engelhard
Mattamuskeet L.
Belhaven
Washington
Swanquarter
Swanquarter N.W.R.
Pamlico Sound
Hatteras I.
Hatteras
Cape Hatteras National Seashore
Cape Hatteras
Ocracoke
Henderson
Oxford
Norlina
Franklinton
Louisburg
Enfield
Tarboro
DURHAM
RALEIGH
Zebulon
Rocky Mt.
Pinetops
Bethel
Wilson
Greenville
Chocowinity
Ayden
Goldsboro
Smithfield
Dunn
Kinston
Spring Lake
Fayetteville
Clinton
Warsaw
New Bern
Havelock
Atlantic
Cape Lookout Nat. Seash.
Beaufort
Morehead City
Cape Lookout
Jacksonville
Lejeune M.C.B. Camp
Holly Ridge
Onslow Bay
Raleigh Bay
Burgaw
Elizabethtown
Moores Creek N.B.
Lumberton
St. Pauls
Whiteville
Bolton
Green Swamp
Tabor City
Wilmington
Fort Fisher
C. Fear
Shallotte
Conway
Myrtle Beach
Long Bay
Litchfield Beach
North I.
ATLANTIC OCEAN
50 miles
100 km

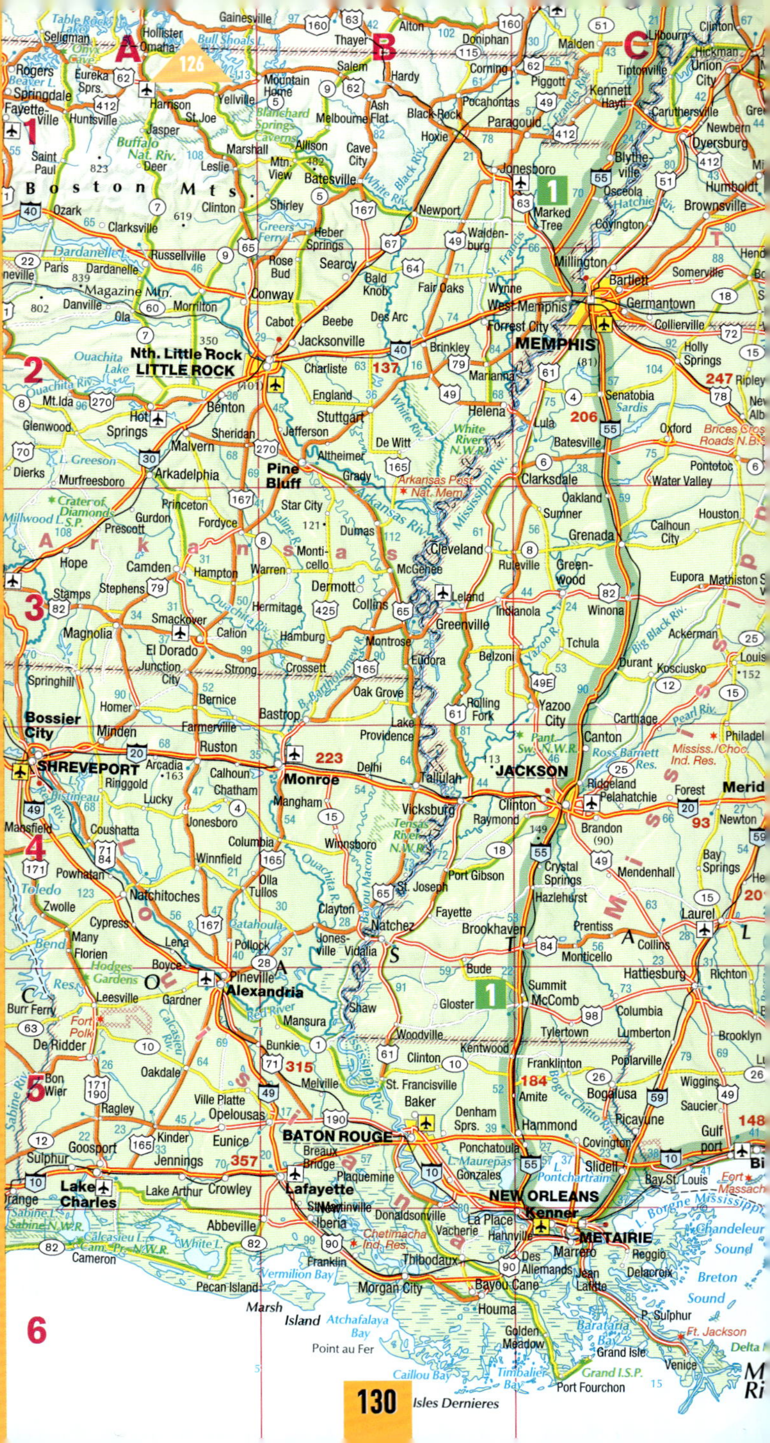
A
B
C
126
1
2
3
4
5
6
Boston Mts.
Arkansas
Louisiana
Mississippi
Rogers
Springdale
Fayetteville
Seligman
Hollister
Omaha
Eureka Sprs.
Harrison
Jasper
Huntsville
Yellville
St. Joe
Buffalo Nat. Riv.
Table Rock Lake
Bull Shoals L.
Gainesville
Mountain Home
Blanchard Springs Caverns
Marshall
Mtn. View
Leslie
Deer
Saint Paul
Ozark
Clarksville
Clinton
Shirley
Russellville
Dardanelle L.
Dardanelle
Paris
Magazine Mtn.
Danville
Morrilton
Ola
Conway
Greers Ferry L.
Heber Springs
Searcy
Rose Bud
Cabot
Beebe
Jacksonville
Nth. Little Rock
LITTLE ROCK
Ouachita Lake
Ouachita Riv.
Mt. Ida
Glenwood
Hot Springs
Benton
Malvern
Sheridan
Jefferson
England
Stuttgart
Charliste
L. Greeson
Dierks
Murfreesboro
Arkadelphia
Pine Bluff
Altheimer
Grady
De Witt
Arkansas Post Nat. Mem.
Crater of Diamonds S.P.
Millwood L.
Prescott
Gurdon
Princeton
Fordyce
Star City
Hope
Camden
Hampton
Warren
Monticello
Dumas
McGehee
Dermott
Collins
Stephens
Stamps
Magnolia
Smackover
Calion
El Dorado
Junction City
Strong
Hamburg
Crossett
Montrose
Eudora
Springhill
Homer
Bernice
Farmerville
Minden
Bossier City
SHREVEPORT
Ruston
Arcadia
Ringgold
Calhoun
Chatham
Monroe
Bastrop
Oak Grove
Lake Providence
Delhi
Tallulah
Mangham
Winnsboro
Jonesboro
Lucky
Coushatta
Mansfield
Columbia
Winnfield
Olla
Tullos
Natchitoches
Toledo Bend Res.
Zwolle
Many
Florien
Cypress
Lena
Hodges Gardens
Boyce
Pollock
Pineville
Alexandria
Leesville
Gardner
Burr Ferry
Fort Polk
DeRidder
Oakdale
Bon Wier
Ragley
Bunkie
Mansura
Red River
Melville
Ville Platte
Opelousas
Eunice
Kinder
Sulphur
Goosport
Jennings
Lake Charles
Lake Arthur
Crowley
Lafayette
Orange
Abbeville
Cameron
Calcasieu L.
White L.
Sabine L.
Sabine N.W.R.
Pecan Island
Marsh Island
Iberia
St. Martinville
New Iberia
Chetimacha Ind. Res.
Franklin
Vermilion Bay
Morgan City
Atchafalaya Bay
Point au Fer
Caillou Bay
Isles Dernieres
BATON ROUGE
Breaux Bridge
Plaquemine
Donaldsonville
Gonzales
Vacherie
Thibodaux
Houma
Bayou Cane
Golden Meadow
Timbalier Bay
Port Fourchon
Grand Isle
Grand I.S.P.
Barataria Bay
Jean Lafitte
Des Allemands
Marrero
METAIRIE
Kenner
NEW ORLEANS
La Place
Hahnville
Reggio
Delacroix
Breton Sound
Chandeleur Sound
L. Borgne
Mississippi
P. Sulphur
Ft. Jackson
Venice
Delta
L. Pontchartrain
L. Maurepas
Ponchatoula
Hammond
Denham Sprs.
Baker
St. Francisville
Clinton
Woodville
Kentwood
Amite
Franklinton
Bogalusa
Slidell
Covington
Picayune
Bay St. Louis
Gulfport
Fort Massachusetts
Wiggins
Saucier
Poplarville
Lumberton
Columbia
Tylertown
McComb
Summit
Gloster
Bude
Brookhaven
Hazlehurst
Crystal Springs
Monticello
Prentiss
Collins
Hattiesburg
Laurel
Richton
Brooklyn
Mendenhall
Bay Springs
Newton
Forest
Brandon
Pelahatchie
Ridgeland
Ross Barnett Res.
Canton
Clinton
Raymond
JACKSON
Vicksburg
Port Gibson
Fayette
Natchez
Vidalia
St. Joseph
Jonesville
Clayton
Tensas River N.W.R.
Shaw
Ferriday
Yazoo City
Rolling Fork
Belzoni
Indianola
Greenville
Leland
Cleveland
Ruleville
Greenwood
Winona
Grenada
Sumner
Oakland
Clarksdale
Batesville
Lula
Helena
Marianna
Brinkley
Forrest City
West Memphis
MEMPHIS
Germantown
Collierville
Bartlett
Millington
Covington
Holly Springs
Senatobia
Sardis L.
Oxford
Water Valley
Pontotoc
Calhoun City
Houston
Eupora
Mathiston
Ackerman
Kosciusko
Durant
Tchula
Carthage
Pearl Riv.
Mississ./Choc. Ind. Res.
Philadelphia
Merid
Jonesboro
Marked Tree
Newport
Walden-burg
Wynne
Fair Oaks
Des Arc
Bald Knob
Batesville
Cave City
Allison
Melbourne
Ash Flat
Hardy
Salem
Thayer
Alton
Doniphan
Corning
Pocahontas
Black Rock
Hoxie
Paragould
Piggott
Kennett
Hayti
Malden
Tiptonville
Lilbourn
Hickman
Union City
Clinton
Caruthersville
Newbern
Dyersburg
Blytheville
Osceola
Humboldt
Brownsville
Somerville
Ripley
Tupelo
Brices Cross Roads N.B.S.
St. Francis Riv.
White Riv.
White River N.W.R.
Mississippi Riv.
Arkansas Riv.
Saline R.
Ouachita Riv.
Yazoo R.
Big Black Riv.
Bogue Chitto Riv.
Calcasieu Riv.
Sabine Riv.
Ouachita R.
Bayou Macon
Atchafalaya
Panther Sw. N.W.R.
Hatchie Riv.
Magazine Mtn.

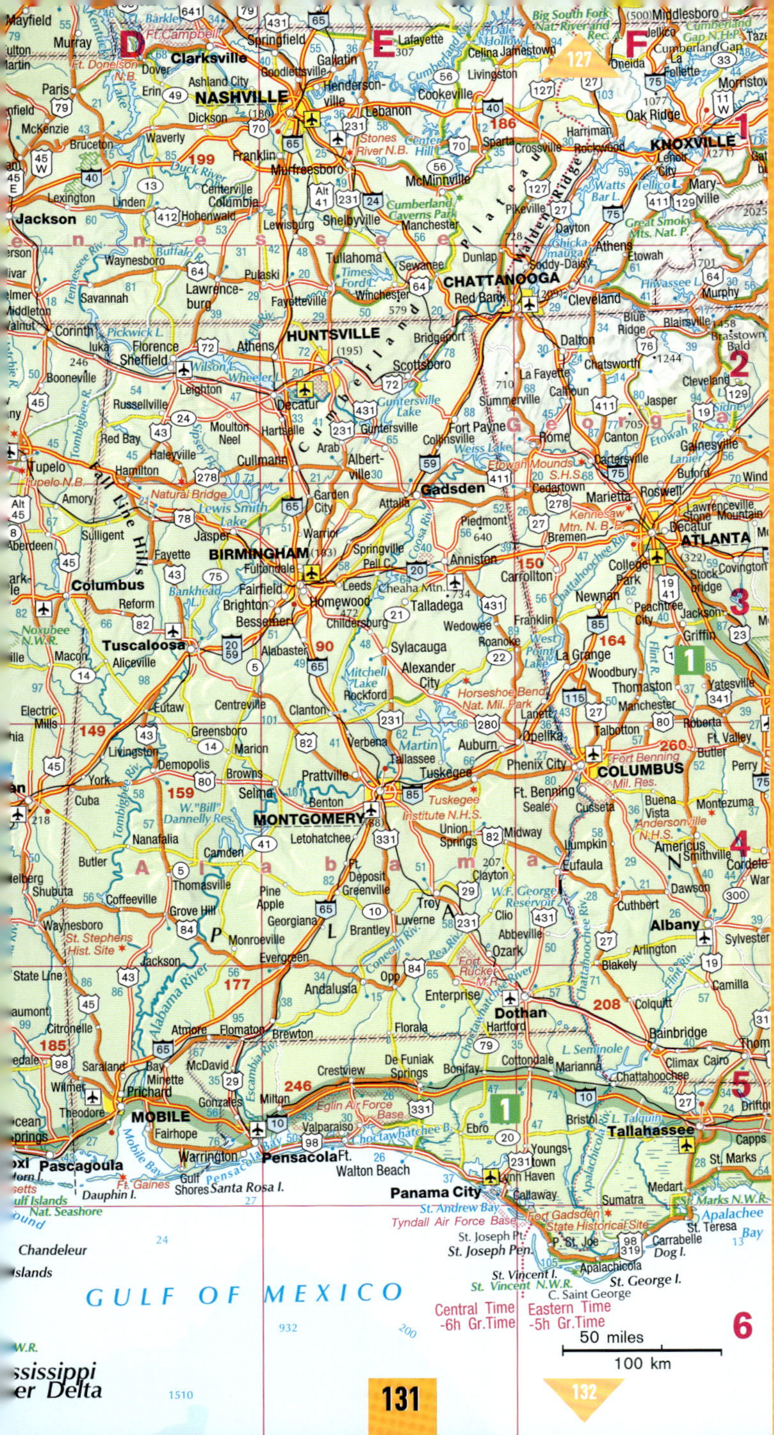
127
132
D
E
F
1
2
3
4
5
6
Tennessee
Georgia
Alabama
Cumberland Plateau
Walden Ridge
Fall Line Hills
NASHVILLE
KNOXVILLE
CHATTANOOGA
HUNTSVILLE
BIRMINGHAM
ATLANTA
MONTGOMERY
COLUMBUS
MOBILE
Pensacola
Tallahassee
Panama City
Dothan
Albany
Tuscaloosa
Columbus
Jackson
Clarksville
Murfreesboro
Gadsden
Anniston
Decatur
Tupelo
Pascagoula
Gulfport
Oak Ridge
Cleveland
Dalton
Rome
Marietta
Roswell
Newnan
LaGrange
Auburn
Opelika
Phenix City
Selma
Demopolis
Eufaula
Enterprise
Troy
Fort Walton Beach
Apalachicola
Murray
Paris
Lexington
Columbia
Franklin
Lebanon
Cookeville
Sparta
McMinnville
Tullahoma
Pulaski
Florence
Sheffield
Athens
Cullman
Jasper
Fayette
Prattville
Andalusia
Brewton
Crestview
Marianna
Bainbridge
Thomasville
Americus
Cordele
Griffin
Carrollton
Talladega
Sylacauga
Alexander City
Ft. Campbell
Ft. Donelson N.B.
Stones River N.B.
Big South Fork Nat. River and Rec. A.
Cumberland Gap N.H.P.
Great Smoky Mts. Nat. P.
Cumberland Caverns Park
Natural Bridge
Tupelo N.B.
Kennesaw Mtn. N.B.P.
Etowah Mounds S.H.S.
Horseshoe Bend Nat. Mil. Park
Fort Benning Mil. Res.
Tuskegee Institute N.H.S.
Andersonville N.H.S.
Fort Rucker M.R.
Eglin Air Force Base
Tyndall Air Force Base
Fort Gadsden State Historical Site
St. Marks N.W.R.
St. Vincent N.W.R.
St. Stephens Hist. Site
Gulf Islands Nat. Seashore
Mississippi River Delta
Chandeleur Islands
Dauphin I.
Santa Rosa I.
St. George I.
Dog I.
Apalachee Bay
St. Andrew Bay
Mobile Bay
Choctawhatchee B.
GULF OF MEXICO
Tennessee Riv.
Alabama River
Chattahoochee Riv.
Flint R.
Coosa Riv.
Tombigbee Riv.
Weiss Lake
Guntersville Lake
Wheeler L.
Wilson L.
Pickwick L.
Lewis Smith Lake
L. Martin
West Point Lake
W.F. George Reservoir
L. Seminole
L. Talquin
Central Time -6h Gr.Time
Eastern Time -5h Gr.Time
50 miles
100 km

128

A
B
C
1
2
3
4
5
6
G e o r g i a
F l o r i d a
Gulf of Mexico
Seale
Cusseta
Buena Vista
Montezuma
Andersonville N.H.S.
Unadilla
Hawkinsville
Vidalia
Lyons
Hardeeville
Hilton Head Island
Midway
Lumpkin
Eufaula
Eastman
Mt.Vernon
McRae
Claxton
Blitchton
SAVANNAH
Fort Stewart Mil. Res.
Fort Pulaski Nat. M.
Fort Morris S.H.S.
Ossabaw I.
Smithville
Cordele
Abbeville
Hazlehurst
Baxley
W.F. George Reservoir
Dawson
Warwick
Ashburn
Fitzgerald
Ocilla
Broxton
Jesup
Hinesville
Ludowici
St. Catherines I.
Cuthbert
Albany
Sylvester
Douglas
Alma
Patterson
Sapelo I.
Everett
Arlington
Blakely
Tifton
Alapaha
Camilla
Pearson
Nahunta
Ft. Frederica Nat. Mon.
St. Simons I.
Brunswick
Dothan
Colquitt
Moultrie
Adel
Lakeland
Waycross
Homerville
Bainbridge
Thomasville
Stockton
Okefenokee
Okefenokee N.W.R. Swamp
L. Seminole
Marianna
Climax
Cairo
Chattahoochee
Valdosta
Quitman
Woodbine
St. Andrew Sound
Cumberland I.
Cumberland I. Nat. Seas.
Folkston
Bristol
Tallahassee
L. Talquin
Drifton
Greenville
Jasper
Fargo
Callahan
Fernandina Beach
Yulee
JACKSONVILLE
Ft. Caroline Nat. Mem.
Jacksonville Beach
Capps
St. Marks
Live Oak
Lake City
Orange Park
Medart
Sumatra
Perry
St. Marks N.W.R.
Apalachee Bay
Mayo
Branford
Starke
Castillo de San Marcos N.
Fort Gadsden State Historical Site
P. St. Joe
Carrabelle
St. Teresa
Dog I.
Apalachicola
Barrier Islands
St. Vincent I.
St. George I.
St. Vincent N.W.R.
C. Saint George
Salem
High Springs
Waldo
St. Augustine
Fort Matanzas Nat. Mon.
Cross City
Gainesville
Palatka
Marineland of Florida
Chiefland
Williston
Lochloosa
Crescent City
Lower Suwannee N.W.R.
Otter Creek
Lake George
Pierson
Ormond Beach
DAYTONA B
Ocala
Dunnellon
Waccasassa Bay
Crystal River St. Arch.S.
Lake Woodruff N.W.R.
De Land
New Smyrna
Oak Hill
Mosquito Lagoon
Inverness
Eustis
Sanford
Leesburg
Mt.Dora
Altamonte Sprs.
Titusville
Brooksville
Apopka
Winter Park
Spring Hill
Clermont
ORLANDO
Walt Disney World
Dade City
Bayonet Point
New Port Richey
Tarpon Springs
Cocoa
Cape C
Merritt Is
Zephyrhills
St. Cloud
Dunedin
TAMPA
Lakeland
Winter Haven
Clearwater
Largo
Plant
Brandon City
Bartow
Cypress Gardens
L. Kissimmee
Kenansville
Pinellas Park
ST. PETERSBURG
Wales
Gulfport
Tampa Bay
Avon Park
Palmetto
Bradenton
Zolfo Springs
Sebring
De Soto Nat. Mon.
Sarasota
Lake Placid
Okeechobee
Arcadia
Brighton Ind. Res.
Venice
Port Charlotte
Palmdale
Port Mayaca
Lake Okeechobee
Caloosahatchee Riv.
Charlotte Harbor
Fort Myers
Cape Coral
La Belle
Clewiston
Belle Glade
Pahokee
Immokalee
Big Cypress Ind. Res.
Sanibel I.
Estero
San Carlos Bay
Golden Gate
Big Cypress Swamp
Naples
Miles City
Miccosukee Ind. Res.
Marco
C. Romano
Ochopee
Ten Thousand Is.
Everglades City
HIALEA
Kenda
Perrine
Homestead
Whitewater Bay
C. Sable
Everglades National Park
Flamingo
East Cape
Florida Bay
Islamorada
Pine Islands
Marathon
Dry Tortugas
Marquesas Keys
Big Pine
Key West
Florida K

D
E
F
1
2
3
4
5
6
50 miles
100 km
801
200
752
3795
1053
4325
A T L A N T I C
O C E A N
128
1207
5462
9
Vero Beach
Fort Pierce
Stuart
755
2
Great Sale Cay
West Palm Beach
Lake Worth
Delray Beach
Boca Raton
Deerfield Beach
Pompano Beach
FT. LAUDERDALE
HOLLYWOOD
Hallandale
Miami Beach
MIAMI
West End
Freeport
High Rock
McLean's Town
Cooper's Town
Marsh Harbour
THE BAHAMAS
5306
Grand Bahama Island
Northwest Providence Channel
1071
Hard Bargin
Moore's I.
Cherokee Sound
Abaco I.
4609
Gorda Cay
Sandy Pt.
Cornwall
Hole in the Wall
Great Isaac
North Bimini
Alice Town
South Bimini
Cat Cays
Bimini Islands
Great Harbour Cay
Bullock's Harbour
Hoffmans Cay
Southwest Point
Northeast Providence Channel
Bridge Pt.
Dunmore Town
Glass Window
Alice Town
Eleuthera I.
Governor's Harbour
Royal I.
The Current
Current I.
C. Florida
Biscayne Nat.Park
Elliott Key
898
Berry Islands
Chub Cay
Little Harbour
Bonds Cay
Whale Cay
Joulter Cays
Brown's Cay
New Providence I.
Nicholls Town
Mastic Point
Paradise I.
NASSAU
Coral Heights
Middle Ground
Powell Pt.
Rock Sound
Bannerman Town
Key Largo
475
Orange Cay
Andros Island
Staniard Creek
Williams I.
Andros Town
AUTEC (U.S. Navy) research center
Highbourn Cay
Norman's Cay
1609
East End Pt.
Little San Salvador I.
Straits of Florida
Estrechos de la Florida
Wide Opening
Big Wood Cay
Exuma Cays Land and Sea Park
Exuma Cays

KARTENLEGENDE

Autobahn, mehrspurige Straße - in Bau Highway, multilane divided road - under construction		Autoroute, route à plusieurs voies - en construction Autopista, carretera de más carriles - en construcción
Gebührenpflichtige Straße - in Bau Toll road - under construction		Route à péage - en construction Carretera de peaje - en construcción
Fernverkehrsstraße - in Bau Trunk road - under construction		Route à grande circulation - en construction Ruta de larga distancia - en construcción
Hauptstraße Principal highway		Route principale Carretera principal
Nebenstraße Secondary road		Route secondaire Carretera secundaria
Fahrweg, Piste Practicable road, track		Chemin carrossable, piste Camino vecinal, pista
Straßennummerierung Road numbering	1 48 1 26 26	Numérotage des routes Numeración de carreteras
Entfernungen in mi. (USA), in km (CDN) Distances in mi. (USA), in km (CDN)	259 130 129	Distances en mi. (USA), en km (CDN) Distancias en mi. (USA), en km (CDN)
Höhe in Meter - Pass Height in meters - Pass	1365	Altitude en mètres - Col Altura en metros - Puerto de montaña
Eisenbahn - Eisenbahnfähre Railway - Railway ferry		Chemin-de-fer - Ferry-boat Ferrocarril - Línea marítima
Autofähre - Schifffahrtslinie Car ferry - Shipping route		Bac autos - Ligne maritime Transportador de automóviles - Ferrocarriles
Wichtiger internationaler Flughafen - Flughafen Major international airport - Airport		Aéroport importante international - Aéroport Aeropuerto importante internacional - Aeropuerto
Internationale Grenze - Provinzgrenze International boundary - Province boundary		Frontièr nationale - Limite ou de província Frontera nacional - Frontera provincial
Unbestimmte Grenze Undefined boundary		Frontièr d'Etat non définie Frontera indeterminada
Zeitzonengrenze Time zone boundary	-4h Greenwich Time -3h Greenwich Time	Limite de fuseau horaire Límite del huso horario
Hauptstadt eines souveränen Staates National capital	WASHINGTON	Capitale nationale Capital de un estado soberano
Hauptstadt eines Bundesstaates Federal capital	ALBANY	Capitale d'un état fédéral Capital de estado
Sperrgebiet Restricted area		Zone interdite Zona prohibida
Indianerreservat - Nationalpark Indian reservation - National park		Réserve d'indiens - Parc national Reserva de indios - Parque nacional
Antikes Baudenkmal Ancient monument	∴	Monuments antiques Yacimiento arqueológico
Sehenswertes Kulturdenkmal Interesting cultural monument	*Fort Kent*	Monument culturel intéressant Monumento cultural de interés
Sehenswertes Naturdenkmal Interesting natural monument	*Niagara Falls*	Monument naturel intéressant Monumento natural de interés
Brunnen Well		Puits Pozo
Ausflüge & Touren Excursions & tours		Excursions & tours Excursiones & rutas

10 € GUTSCHEIN für Ihr persönliches Fotobuch*!

Gilt aus rechtlichen Gründen nur bei Kauf des Reiseführers in Deutschland und der Schweiz

SO GEHT'S: Einfach auf www.marcopolo.de/fotoservice/gutschein gehen, Wunsch-Fotobuch mit den eigenen Bildern gestalten, Bestellung abschicken und dabei Ihren Gutschein mit persönlichem Code einlösen.

Ihr persönlicher Gutschein-Code: mpv5vjrfxr

Zum Beispiel das MARCO POLO FUN A5 Fotobuch für 7,49 €.

* Dies ist ein spezielles Angebot der fotokasten GmbH. Der Gutschein ist einmal pro Haushalt/Person einlösbar. Dieser Gutschein gilt nicht in Verbindung mit weiteren Gutscheinaktionen. Eine Barauszahlung ist nicht möglich. Gültig bis 31.12.2013. Der Gutschein kann auf www.marcopolo.de/fotoservice/gutschein auf alle Fotobuch-Angebote und Versandkosten (Deutschland 4,95 €, Schweiz 9,95 €) der fotokasten GmbH angerechnet werden. powered by fotokasten

www.marcopolo.de/fotoservice/gutschein

REGISTER

In diesem Register sind alle wesentlichen in diesem Führer erwähnten Orte und Ausflugsziele verzeichnet. Halbfette Seitenzahlen verweisen auf den Haupteintrag, kursive auf ein Foto.

> SCHREIBEN SIE UNS!

Liebe Leserin, lieber Leser,

wir setzen alles daran, Ihnen möglichst aktuelle Informationen mit auf die Reise zu geben. Dennoch schleichen sich manchmal Fehler ein – trotz gründlicher Recherche unserer Autoren/innen. Sie haben sicherlich Verständnis, dass der Verlag dafür keine Haftung übernehmen kann.

Wir freuen uns aber, wenn Sie uns schreiben.

Senden Sie Ihre Post an die
MARCO POLO Redaktion,
MAIRDUMONT, Postfach 31 51,
73751 Ostfildern,
info@marcopolo.de

IMPRESSUM

Titelbild: Herbststimmung am Lake Waramaug, Connecticut (Huber: Gräfenhain)
Fotos: M. Braunger (46, 61, 93); Central Michel Richard: Cris Molina (14 M.); City Food Tours: Michael Broschard (100 M. r.); Distrito: David Joseph (100 M. l.); © fotolia.com: Kelli Dailey (101 M. l.), Giorgio Fochesato (14 o.), Chris Johnson (101 o. l.); Elena Zhuchkova (14 u.); F. M. Frei (U. M., 6/7, 22, 22/23, 23, 24/25, 28/29, 35, 37, 48, 56/57, 80/81, 85, 106, 107); HB Verlag: Frischmuth (3 l., 3 M., 4 l., 76, 90, 94, 102/103), Frischmuth/Raupach (21), Kiedrowski (U. l., 58, 106/107, 135), Modrow (38/39, 41); Helium Comedy Club: comic on stage: Eileen Jantz (101 M. r.); O. Helmhausen (139); Huber: Bertsch (52/53), Damm (43), Gräfenhain (1, 30/31), Huber (44/45), Lawrence (8/9), Pignatelli (16/17), Ripani (4 r., 82), Schmid (78, 118/119), Giovanni Simeone (29); © iStockphoto.com: gaspr13 (15 o.), Alexander Hafemann (100 u. r.), Nikontiger (100 o. l.), Feng Yu (101 u. r.); G. Jung (88/89); Lade: Welsh (75); Laif: Artz (27), Heeb (28, 51, 69, 96/97, 98), Meier (70/71), Neumann (26, 104); La Terra Magica: Vollmer (5); Look: Frei (U. r.); Okapia: Foott (32), Francis (55), Freund (72), Großkopf (87), McRae (63), Wisniewski (11); Onyx Hotel: Warren Jagger Photography (13 o.); Nicole Rossi (12 o.); Schapowalow: Messerschmidt (2 l.); shopSCAD: Chia Chong (12 u.); T. Stankiewicz (64, 67); The Needle Shop: Rachel Epperson (15 u.); We Know, Plato!: Julie Rae @ NoMakeup Photography (13 u.); E. Wrba (3 r., 18)

3. (9.), aktualisierte Auflage 2009
© MAIRDUMONT GmbH & Co. KG, Ostfildern
Chefredaktion: Michaela Lienemann, Marion Zorn
Autor: Ole Helmhausen; Redaktion: Marlis von Hessert-Fratz
Programmbetreuung: Jens Bey, Silwen Randebrock; Bildredaktion: Gabriele Forst
Szene/24h: wunder media, München
Kartografie Reiseatlas: © MAIRDUMONT, Ostfildern
Innengestaltung: Zum goldenen Hirschen, Hamburg; Titel/S. 1–3: Factor Product, München
Sprachführer: in Zusammenarbeit mit Ernst Klett Sprachen GmbH, Stuttgart, Redaktion PONS Wörterbücher
Das Werk einschließlich aller seiner Teile ist urheberrechtlich geschützt. Jede urheberrechtsrelevante Verwertung ist ohne Zustimmung des Verlages unzulässig und strafbar. Das gilt insbesondere für Vervielfältigungen, Übersetzungen, Nachahmungen, Mikroverfilmungen und die Einspeicherung und Verarbeitung in elektronischen Systemen.
Printed in Germany. Gedruckt auf 100% chlorfrei gebleichtem Papier

FÜR IHRE NÄCHSTE REISE

Ihre Reisecheckliste

Haben Sie alles im Gepäck?

- ○ Reiseunterlagen (Tickets, Buchungsbelege, Bestätigungen)
- ○ ELVIA Reiseschutz
- ○ Impfausweis
- ○ Krankenkassenkarte
- ○ Reisepass
- ○ Führerschein
- ○ Kopien aller Papiere (zur Sicherheit)
- ○ Einreise-Visum (falls erforderlich)
- ○ Wichtige Telefonnummern
- ○ Bank-, Kreditkartensperrnummern
- ○ Kredit- bzw. ec-Karten
- ○ Medikamente / Reiseapotheke
- ○ Kulturbeutel (evtl. Kontaktlinsenmittel, Gehörschutz, Kondome)
- ○ Sonnenbrille, Ersatzbrille
- ○ Fotoapparat, Videokamera
- ○ Adapter für Fön, Rasierer
- ○ Sonnencreme
- ○ Reisewaschmittel
- ○ Nähzeug
- ○ Wörterbuch
- ○ Lieblingslektüre
- ○ MP3- und / oder CD-Player
- ○ Straßenkarte

www.elvia.de

Reiseschutz auf einen Klick – weltweit!

MONDIAL ASSISTANCE

ELVIA
Die Reiseversicherung der Allianz

> UNSER AUTOR

MARCO POLO Insider Ole Helmhausen im Interview

Ole Helmhausen bereist ganz Nordamerika, um für bekannte Reisemagazine und Zeitungen seine Reportagen zu schreiben.

Sie leben an der Grenze zur USA?

Ja, ich wohne seit 1993 im kanadischen Montréal. Quasi genau nördlich von dem Gebiet, das dieser Band als USA Ost definiert. Da strebt man fast automatisch nach Süden, nördlich von hier leben ja nur noch Elche!
Aber mal Spaß beiseite: Wer die USA wirklich kennenlernen will, tut dies am besten im Osten. Hier begegnet einem Amerika in allen Facetten, vom europäisch wirkenden und doch uramerikanischen Neuengland bis hin zum bedingungslos kapitalistischen Florida.

Was beeindruckt Sie hier im Osten Amerikas am meisten?

Die unglaubliche Vielfalt des Landes. In Maine leben die letzten Shaker noch immer das einfache Leben auf dem Lande, während in Florida auch der letzte Quadratmeter Bauland zubetoniert wird. In New York und Chicago stehen die höchsten Häuser der Welt, doch genau zwischen diesen Metropolen, in Pennsylvania, gibt es noch immer Amisch-Höfe ohne Strom. Und während gleichgeschlechtliche Lebensgemeinschaften In den Neuenglandstaaten legal sind, würden sich schwule Paare in den Südstaaten niemals trauen, öffentlich auch nur Händchen zu halten.

Was mögen Sie am Osten der USA nicht so?

Dass selbst er noch riesengroß ist. Man könnte ihn ein Leben lang bereisen und hätte noch immer nicht alles gesehen. Dabei machen es die Amerikaner einem noch leicht, ihr Land zu durchstreifen. Die Straßen sind fantastisch, ihre Autos rollende Wohnzimmer.

Kommen Sie viel herum?

Das kann man wohl sagen! Ich bin freier Journalist und schreibe vor allem über Tourismus und Umwelt, Kultur und die Great Outdoors. Zu meinen Auftraggebern in Deutschland gehören alle großen Tages- und Wochenzeitungen, dazu die meisten der namhaften Illustrierten und Reisemagazine. Da bin ich zwangsläufig ständig zwischen den Großen Seen und Florida unterwegs. Und natürlich machen meine Frau und ich an den schönsten Plätzen der USA auch hin und wieder Urlaub.

Verraten Sie uns, wo?

Ich habe ein Faible für Orte am Ende der Straße. Die haben immer etwas Besonderes, Magisches. In Neuengland ist das Provincetown auf Cape Cod. Einfach toll, die Atmosphäre dort. Und wenn ich in Florida bin, mache ich immer einen Abstecher nach Key West.

> BLOSS NICHT!

In manchen Dingen sind die Amerikaner legerer, in anderen zugeknöpfter als die Europäer

Alkohol in der Öffentlichkeit trinken

Der Alkoholgenuss in der Öffentlichkeit ist verboten, und nicht nur das. Die Flasche Bier oder Wein muss auch in einer braunen Papiertüte verschwinden, damit niemand sieht, dass man gerade Alkohol erstanden hat. Und in einigen Landkreisen darf er nicht mal im Kofferraum des Wagens mitfahren.

Unhöflich sein

Morgens im B&B. Sie kommen nicht umhin, den Frühstückstisch mit zwei Ihnen fremden Ehepaaren zu teilen. In den USA gehört es zum guten Ton, sich mit Vornamen vorzustellen und kurz zu sagen, woher man kommt. Eine Unterhaltung ergibt sich danach von selbst. Ein sich ausschweigender Tischgenosse wird als *rude*, als unhöflich, angesehen.

Den Helden spielen

Während der letzten Jahre haben die Großstädte bemerkenswerte Erfolge in der Verbrechensbekämpfung erzielt. Dennoch sollten Sie sich im Falle eines Falles bloß nicht zwischen Gangster und Geldbörse stellen. Tun Sie, was von Ihnen verlangt wird, und vermeiden Sie alles, was die Situation zuspitzen könnte: Meiden Sie in Städten nachts menschenleere Gegenden, und bleiben Sie nach Blechschäden und Auffahrunfällen zunächst im Auto, um sich einen Überblick zu verschaffen. Gegebenenfalls geben Sie Gas und verständigen dann umgehend die Polizei.

Nacktbaden

Während man im „Land der unbegrenzten Möglichkeiten" viel und gern über Sex redet, tut man sich schwer mit zu viel nackter Haut in der Öffentlichkeit. Nacktbaden und selbst „oben ohne" sind verpönt. Der nassen Badehose entledigt man(n) sich mangels Umkleidekabine bitteschön unterm Handtuch, und gemeinsames Saunieren findet nur in Badebekleidung statt.

Rauchen

Die Anti-Raucher-Kampagnen haben Amerika in eine einzige Nichtraucherzone verwandelt. Rauchen ist in Restaurants, Bars, Diskotheken und an allen öffentlichen Orten verboten. Zuwiderhandlungen können empfindliche Geldbußen zur Folge haben.

Immer alles besser wissen

Geben wir es ruhig zu: Wir bevorzugen Sauberkeit, Ordnung und gute Organisation, wir sind Getrenntentsorger und Benzinsparer und stolz auf unsere Allgemeinbildung. Gern vergleichen wir uns mit den Amerikanern. Die Chancen, unterwegs dem naiven Klischeeamerikaner zu begegnen, stehen zwar nicht schlecht, noch besser sind jedoch die Aussichten auf inspirierende Diskussionen mit toleranten, nüchtern argumentierenden Menschen, die neugierig auf Ihre Meinung sind und Ihre Ansichten durchaus teilen. In jedem Fall vermeiden Sie leidige Besserwisserattitüden.